Studies on
smart city practices

智慧城市建设
实务研究

毛光烈 / 著

中信出版社·CHINACITICPRESS ·北京·

图书在版编目（CIP）数据

智慧城市建设实务研究／毛光烈著 . —北京：中信出版社，2013.1（2018.1重印）
ISBN 978 – 7 – 5086 – 3797 – 6

Ⅰ. ①智…　Ⅱ. ①毛…　Ⅲ. ①现代化城市—城市建设—研究—中国　Ⅳ. ①F299. 21

中国版本图书馆 CIP 数据核字（2012）第 316569 号

智慧城市建设实务研究

著　　者：毛光烈
策划推广：中信出版社（China CITIC Press）
出版发行：中信出版集团股份有限公司
　　　　　（北京市朝阳区惠新东街甲 4 号富盛大厦 2 座　邮编　100029）
　　　　　（CITIC Publishing Group）
承 印 者：北京诚信伟业印刷有限公司

开　　本：787mm×1092mm　1/16　　印　张：12.5　　字　数：95 千字
版　　次：2013 年 1 月第 1 版　　　　印　次：2018 年 1 月第 3 次印刷
广告经营许可证：京朝工商广字第 8087 号
书　　号：ISBN 978 – 7 – 5086 – 3797 – 6/F・2818
定　　价：30.00 元

Contents
目录

　　我一直认为，城市化的深入发展是中国未来 50 年发展的核心主题之一。智能城市建设是中国当前面临的挑战与机遇的汇聚点，是信息化、工业化、城镇化、农业现代化汇聚的平台。而且，中国的智慧城市建设路径与方式，肯定与西方城市有所不同。因此，中国的城市领导们急需探索出一条属于中国自己的智能城市建设之路。

　　中国信息化正在向深度发展之中。诚如本书所指出的，从信息技术的发展看，信息化已进入智能化的发展阶段。信息技术的智能化将为城市发展模式带来崭新的变化。这个过程中已呈现出了物联网、云计算、大数据等若干重要技术特征，这些特征被用于城市中的智慧医疗、智能交通、智能建筑等各种智能系统，可以有效地促进和深化其建设的实施。而智能城市不仅是这些建设的总和，其本质是城市化、工业化、信息化之间的彼此互动、融合与深入。它既能推动开发新兴的应用服务市场与商业模式，也能推动本地经济发展，并为改善民生提供新空间和新前景，是新型城市化发展的好抓手。因此，中国智能城市建设的总目标是促进城市又好又快地巧妙发展。

毛光烈同志具备丰富的地方政府领导工作实践经验，包括曾经长期担任县级市、地级市和副省级城市的市长经历，积累了有关政府服务与城市运营管理的丰富经验，从 2010 年年初起，就率先在宁波市进行了一系列智能城市建设的探索活动，在全国产生了重大影响。

城市现代化进程的智能发展需要"城市领导的视野"。毛光烈同志从现代城市治理者的独特视角，探讨了智慧城市建设的方方面面，比较系统地提出了一套智能城市建设方法，既涵盖了智能城市规划的顶层设计，又设计了建设推进的计划和操作办法。例如书中提到的部省间"3 + X"推进模式、由政府推动在若干部门和城市进行的示范试点建设项目、标准建设的引领、体制机制创新和管理与制度创新、市场化的专业公司运作等，都体现了一位省级政府领导对其分管工作谋篇布局的战略思考和务实推进的缜密规划。

毛光烈同志长期主管信息化工作，深感智能城市建设中，从海量的业务数据里提取信息，并转化为知识和智能，进而提升决策水平或决策效率的重要性与迫切性，因而尝试把商务智能的要素（包括数据仓库、联机分析处理、数据挖掘和数据可视化等）、云计算服务模式等技术支撑概念引入到了智能城市，并通过"智慧安居"示范试点案例进行了分析和阐述。这些论述，对人们普遍关心的智能城市建设中"智能"内涵的展现，具有积极的探索意义。

本书也提出了若干前瞻性议题，例如智能城市项目中的标准建设和引领问题，这需要国家和行业层面进行统一部署和推进。

现在，城市智能化已经成为全世界关注的热点。中国智能城市建设的探索需要理论与实践的双重指导。因此，在中国工程院立项研究城市智能化的《中国智能城市建设与推进战略研究》项目中，我们聘请了毛光烈同志担任课题组副组长，这在工程院的咨询研究中开了先例。工程院非常珍视国内各级城市领导者对智能城市建设的洞察，欢迎他们提出有价值的思想和顶层设计的建议，以"城市领导的视野"对智能城市建设进行理论探索和方法创新。本书正是这方面的一项领先的实践尝试。我们既期待浙江省建设智能城市的硕果累累和人才辈出，期待未来对其成功实践的总结分享和理论提升，也希望工程院牵头的这个项目，能与国内各典型智能城市的项目对口合作，并提供高端的智力支持。

毛光烈同志的这本研究著作，视角独特而鲜明，论述系统而清晰。相信阅读之后不仅能给人许多有益的启示，还能激起城市领导强烈的共鸣。我真诚地向关注智能城市建设的各界读者推荐此书。

中国工程院常务副院长

中国工程院院士　　　　潘云鹤

2012 年 12 月于北京

　　我对智慧城市建设的研究与探索始于 2010 年，完全是因为工作所需、责任所在。

　　引发和促进我开展这项工作的有三件事：

　　第一件事，2010 年 5 月 15 日，工业和信息化部、上海世博会执委会、国际电信联盟和宁波市人民政府共同在宁波主办上海世博会"信息化与城市发展"主题论坛。时任中共浙江省委书记、省人大常委会主任赵洪祝同志在致辞中提出，要建设"智慧浙江"，把浙江打造成为全国领先的智慧之省。响应省委的号召，落实省委提出的要求，是宁波市委、市政府责无旁贷的重任。时任中共浙江省委常委、宁波市委书记、市人大常委会主任巴音朝鲁同志提出要借助全球智慧，建设"智慧宁波"。当时我任宁波市市长，便组织调研小组开始了调研。当年 8 月巴音朝鲁书记提拔去外省任职，作为主持宁波市工作的主要领导，我负有继续推进宁波智慧城市建设的责任。

经过认真研究、集思广益，多次座谈征求意见，2010 年 9 月 17 日，宁波市委、市政府做出了《关于建设智慧城市的决定》（甬党〔2010〕14 号文件）。这是全国最早以党委、政府的名义联合做出建设智慧城市决定的城市，同时也拉开了在全国率先实质性启动智慧城市建设的序幕。

第二件事，2011 年 1 月我调到浙江省政府任职，此时，正值省政协组织开展"智慧浙江"建设重点课题调研。当年，中共浙江省委书记、省人大常委会主任赵洪祝同志对省政协"智慧浙江"建设重点课题调研报告作了重要批示："省政协就建设'智慧浙江'作了深入调研，全面系统地分析了有利条件、不利因素和推进这项工作的目标任务，颇有参考价值，也是迄今为止讨论我省这个课题最深入的一个材料。送请两办及省发改、经信、科技等部门研究，可在研究省委工作重点中参考吸纳。"省委副书记、省长夏宝龙同志在重要批示中指出："建设'智慧浙江'顺应了当今世界发展趋势，对推动我省科学发展、协调发展、可持续发展具有深远意义。省政协领导高度重视'智慧浙江'课题调研，研究成果立意深远、视野开阔、观点鲜明、分析透彻，提出的举措符合浙江实际，具有战略远见，对于我省建设'智慧浙江'具有重要指导意义。省政府要认真研究采纳。"我作为省政府分管信息化工作的领导，参与以智慧城市为载体的"智慧浙江"建设的研究成为了我份内的职责，促使我进一步深化学习、深入研究谋划、积极探索。

第三件事，中国工程院潘云鹤常务副院长亲任《中国智能城市建设与推进战略研究》课题组组长，主持开展课题研究，与浙江省合作，邀请我担任课题组的副组长。在向夏宝龙省长报告后，我受命参与、组织、协调、配合开展相关研究工作，对智慧城市建设实务进行具体研究探索。

但是，我的研究应从什么角度作为切入口呢？放眼全国，主要有三条路径在研究探索智慧城市建设：第一，是从技术角度切入，从技术创新开始向产业链下游延伸，一直到产业化，到市场端；第二，是从业务需求的角度切入，根据需求，培育市场，带动投入，促进产业发展，提升技术水平，走应用促发展之路，即应用促技术创新、促商务模式创新、促智慧城市建设的探索之路；第三，是从中间切入，先做网络基础设施，再向两头延伸。浙江应该走一条什么样的智慧城市建设之路呢？这是我一直在思考的问题。浙江是市场取向改革较早的省份，市场化程度高，民营经济发达，民间资本雄厚，市场主体活跃，加上城乡居民文化程度高、支付能力强、公众的科学素质水平高，这都是探索智慧城市建设的有利条件。同时，我曾经长期在县级市、地级市、计划单列市担任市长，对城市政府的服务与运行管理比较熟悉，对老百姓需求的把握有深切的体会，对统筹各方面资源合力推进智慧城市建设的方式方法也有相应的经验和实践的积累。

　　根据多年来对信息技术和产业发展、电子商务、现代物流等学习研究的体会，我认为，从信息技术的发展看，信息化已进入智慧化的发展阶段；从信息技术应用的角度看，信息化正处在由"数据为王"向"内容为王"或"业务为王"的转换阶段。因此，我主张从业务实务与需求端切入，在理论与实践的结合上开展实务研究，发挥技术专家与实际工作者结合的优势，围绕需求导向，突出服务，创新技术，培育市场，创新商务模式，创新体制机制，创新实现的形式，形成标准体系，带动产业发展，探索一条具有地方特色的可行的智慧城市建设之路。

　　2011 年以来，我坚持以实务研究与实践探索相结合的方式推进智慧城市的研究与发展。一方面，组织智慧城市建设实务研究小组，通过沙龙等形式，把我近年来研究思考的一些观点、看法和成果，与各方面的专家学者、有实际专长的同志进行交流探讨，并予以总结完善；另一方面，又从开展智慧城市建设示范试点项目中总结实践探索经验予以补充。经过一年多的谋划和筹备，2012 年在全省正式启动智慧城市建设 15 个示范试点项目，在智慧物流、智慧健康、智慧安居、智慧城管、智慧安监、智慧电网、智慧交通、智慧政务、智慧水务、智慧高速、智慧能源监测、智慧港航、电动汽车动力智慧服务、智慧环保、智慧旅游等方面进行示范性的试点；积极争取国家信息化主管部门、标准化主管部门和业务主管部门的支持，形成示范试点的"3 + X"指导推进模式；组织举办宁波智慧城市技术和产品应用博览会，为国内外大企业搭建一个国际合作交流平台；组织智慧城市巡回宣讲，普及相关知识，为广大老百姓的参与营造良好氛围。目前各方面工作正在积极有序地推进。

本书所谈及有关智慧城市建设的实务研究成果，既是我的一家之言，也是孙谦、温熙华、章威、田华等同志悉心帮助的结果，同时也与全省智慧城市建设 15 个示范试点项目的实践分不开。我国已进入信息化、工业化、城镇化、农业现代化发展相互促进的发展阶段，促进信息化与城镇（市）化有效结合的一个载体，就是智慧城市建设。当前全国开展智慧城市建设的城市越来越多，因此，很高兴能把我的实务研究成果与关注智慧城市建设的各界读者分享，期望能得到各位的指教，同时也期望为中国的智慧城市建设思路提供不同的借鉴与参考。

是为序。

2012 年 11 月于浙江·杭州

第一章　导　论

一、信息化已进入智慧化发展新阶段

随着新一代网络信息技术的发展和商业模式的创新，包括新型传感器、地理信息系统、遥感技术、三网融合、新型数据中心以及云计算和物联网的发展，我国的信息化进程已进入系统的智慧化、市场化、融合化、标准化、规范化和安全保障法制化的新阶段，体现出以下新特征：

（一）"系统化的智慧"应用阶段

过去的信息化主要是部分环节和"十二金工程"① 等垂直系

---

① "十二金工程"是我国面向政府办公业务建立的十二个重点信息应用系统。1993 年 12 月，为适应全球建设信息高速公路的潮流，我国正式启动了国民经济信息化的起步工程——"三金工程"，即金桥工程、金关工程和金卡工程。2002 年 8 月 5 日，中办发 17 号文件转发了《国家信息化领导小组关于我国电子政务建设的指导意见》，明确表示，要加快十二个重要业务系统建设：继续完善已取得初步成效的办公业务资源系统、金关、金税和金融监督（含金卡）四个工程，促进业务协同、资源整合；启动和加快建设宏观经济管理、金财、金盾、金审、社会保障、金农、金质和金水等八个业务系统工程建设。业界把这十二个重要业务系统建设统称为"十二金"工程。

统内部为主的智能化、初级水平的社会化和商业化的服务阶段。而"横向系统化的智慧应用"的信息化，则达到了有机协同和完整的智慧运作体系构建阶段和利用知识并经过模拟运作形成与一定具体条件、环境相应的解决问题方案的阶段。

(二)"体系化的融合"阶段

随着系统化的智慧应用阶段的出现，横向的"体系化的融合"呈现出跨行政区域或跨国运作"一体化"融合，以及便利化、系统化、集成化等特征。如阿里巴巴电子商务的运营就有淘宝网、支付宝、阿里云、信用和安全监管等系统来支撑；政府监管服务体系相应地就是商务部门、金融监管部门、信息监管部门、市场秩序监管等部门的集成。

"体系化的融合"的优越性，是使服务对象更广、品种更丰富、成本更低、效率更高、品牌更响、安全性更强、市场开拓竞争能力的特色更突出。

(三)"统一标准化"的发展阶段

呈现出技术标准与业务流程标准的"一体化"设计、创造、应用示范、全面推广相统一，这既有利于打破垄断、防范"信息孤岛"，又有利于客户、网络产品制造商、网络应用服务商，使统一的标准化成为共同追求的行为。从系统智慧应用的业务流程来说，如产品认知的标准化、市场交易主体代码的标准化、服务过程各环节相关业务的统一的标准化等，都是这样的例子。标准化发展的规律是"领先者胜、服务对象共认者胜、高水平者胜"。

（四）商业模式（服务模式）的自主创新与开放创新相结合的阶段

没有商业模式和服务模式的创新，就没有"系统的智慧应用"。没有应用市场的商业开发创新和开放合作创新，"系统化的智慧"发展就可能成为无源之水。商业模式和服务模式的创新需要市场主体和政府主导相结合，"无形之手"与"有形之手"相协调，市场主体的活力与政府职能转变和管理体制调整完善相得益彰。商业模式和服务模式创新着眼于便利化、系统化、一体化、标准化等方面的共同创新。

（五）信息安全监管的技术手段与法律制度建设融合的阶段

目前信息化的发展正从偏重于技术手段，向重视规范化的法律手段与技术监管手段并重的阶段转变，如实名制度、信用制度、违法违规的追究制度、保密制度、服务外包的安全保障制度等，都是法律和技术并重的监管手段。

二、智慧城市的内涵

对于智慧城市的内涵，国内外理论界、产业界从不同角度出发做出过多种解释。从浙江省经济社会发展现阶段特征来把握，**建设智慧城市就是建设信息化与城市化、工业化、市场化深度融合的城市**；就是智慧地利用云计算、互联网、物联网等新一代信息与网络技术，加快实现科学发展的城市；就是大力发展具有现代网络经济、现代网络社会、现代网络文化、现代网络生活、现代为民服务政府的城市。

目前，阿里巴巴的电子商务、通信运营商的手机阅读基地、东风裕隆的车联网、三一重工的企业控制中心、宁波的智慧物流和健康医疗保障、上海的车联网和崇明岛的智能电网等省内外智慧应用项目正在进行积极的探索。从这些实践探索中，我们可以进一步认识和理解智慧城市的基本内涵，包括：

（一）实现云计算海量数据存储、处理和利用的后台，网络传输，商业解决方案，客户端"四位一体"融合发展

通过汇集各方面的数据并利用云计算，形成强大的后台，达

到"无所不能";实现高速传输和实时互动,有线网与无线网相衔接、单向传输与双向互动相结合的全覆盖、低成本的网络,体现"无处不在";根据已有的经验或者利用知识并经过模拟运行形成解决方案,突出"无所不优";智能化的客户终端,能加入网络并随时随地方便客户使用,做到"无时不用"。

(二)突出系统化融合和运用,大大提升城市整体服务能力的技术与业务集成发展

智慧城市的发展区别于以往部分环节和单个企业分割的智能化或商业应用服务系统,各类智慧应用服务达到了各部分有机协同的完整的智慧运作体系。既把地理信息系统、全球定位系统、卫星遥感技术、智能传感器技术、网络传输技术等系统加以运用和融合,也把客户、网络运行商、网络服务商、智能产品制造商、软件服务商及公共服务部门等快速地整合起来,形成具有综合服务能力的智慧应用系统。

(三)体现以人为本和量身定制的特点,为客户带来极为便利的综合服务与可持续服务

智慧城市的发展以市场需求为导向,以客户为中心,通过系统化的融合,使城市智慧系统具备强大的综合服务能力,能使服

务对象更广、品种更丰富、成本更低、效率更高、品牌更响、安全性更强、市场开拓竞争能力的特色更突出，从而使城市经济发展更具特色、更富竞争力，真正体现以人为本的可持续发展模式。

（四）形成新型的积极的利益平衡机制，突破体制分割障碍的创新发展

智慧城市的发展注重理念、体制和商务模式创新：坚持系统化、体系化、融合化的理念；通过股份制等网络专业服务运营公司的组建，突破原有的利益格局，打破原有各自领地、相互不融、不能提供系统解决方案的分割体制；形成包括客户、智能产品制造商、网络传输商、服务运营商、软件服务商等各方共建共享的运营模式和盈利模式，形成新的利益格局和发展机制。

（五）带动装备制造业、软件及信息技术服务业等转型升级的协调发展

智慧城市的建设和运行，对相关产业经济发展提出了新的需求。传统工业产品的智能化、销售服务的网络化、生产管理的精细化、制造过程的自动化、产品设计的个性化、软件和信息技术服务高端化，使网络经济业态成为城市的一种全新模式。传统的

企业生产经营模式将被彻底打破，任何一种离开网络支持的产品设计、制造和营销，将在基于现代网络的城市经济发展中失去竞争优势，产业智慧化将成为一种必然选择。

总之，**建立在智慧经济、智慧社会、智慧文化、智慧生活、智慧政务基础上的城市就是智慧城市。**

三、智慧城市的特征

智慧城市的特征可以通过与数字城市的特征相比较进行论述。**首先，数字城市阶段非常重视信息的占有，但忽视信息的鉴定管理。**"十一五"期间，我国信息化建设的核心内容是建设"十二金"工程。其中存在的突出特征是纵向应用层次高，但横向关联性差。这一阶段的口号是"数据为王"，有限的信息、零散的信息、分条归类的信息、真假与有用无用信息混杂堆积。

其次，数字城市对信息的使用、分类开发重视不够。数字城市的主要功能是信息的"交换"，而不是信息的"使用"与"交易"。虽有信息的对接、交换、传输、储存，但开发利用不充分。数字城市建设的大量的"信息中心"之间、网络之间、企业之间、城市居民和组织之间，都在进行"信息交换"，但自己的使用利用或者交易性的使用利用严重不足。

总而言之，数字城市的特点是"数据为王"。仅仅表达的是数据，有应用，但没有高水平的大规模的智慧式的开发使用，远远没有达到信息化改变工作方式、生活方式和贸易方式的水平。

智慧城市的特点是"内容为王"，其不同于数字城市的特征主要有三点：

（一）信息按照业务需求进行全面、准确、实时、分类感知和掌握

全面、准确、实时、分类感知和掌握信息，是智慧城市发展的必然要求。因此，人们才对物联网与"感知中国"高度重视，应充分给予理解。但要提醒的是，在国家"863"主题项目"智慧城市总体方案"课题组提交的研究材料里提到智慧城市的三个特征：全面感知、系统协同、智慧处理。后两条我赞成，但第一条有缺陷。"全面感知"还应该有"智慧终端"的处理。感知是收集信息，及时地告诉后台。例如智慧交通，信息要到处理中心，最后要传给终端，即每辆车的驾驶员，告诉他怎么走，怎么优化出行路线，对人、车、路的关系进行动态的协调。现在许多人认为：全面收集和感知信息就够了；这实际是不够的，也是不对的。其实这是把智慧城市与物联网简单等同而产生的误解。中国工程院邬贺铨副院长曾说过："物联网不是智慧地球的全部，

它只是为智慧城市提供了部分支撑。"智慧交通必须注意信息交互的重要性，其目的应该是实现人车路协同，不要往最堵的地区去集中。对居民个体来讲，帮助其选择了最佳路线，对一个城市的交通来讲就避免了拥堵的加剧。

（二）注重对数据和信息的应用处理，通过分析、过滤、鉴定、挖掘、对比、整合等工作，转化为知识和智慧，形成对问题和形势的判断依据

大数据时代的竞争，将是知识生产率的竞争。从数据到知识的这个跨越，人类用了半个多世纪。商务智能就是将数据转化为知识，帮助人们做出明智的业务经营决策的工具，它是数据仓库、联机分析处理（OLAP）、数据挖掘和数据可视化等技术的综合运用。智慧城市服务要依托的已不再仅仅是数字化、网络化，更需要智慧化。正如《大数据》[①] 所论述的：由于数据仓库的"结蛹"、联机分析的"蚕动"、数据挖掘之智能生命的"破茧"，以及数据可视化的"化蝶"，才实现了商务智能的今生。图1引自《大数据》，用以说明数据、信息和知识的区别和联系。

图1深刻说明了由数字化向智慧化发展的原理、重要技术创

---

① 涂子沛. 大数据：正在到来的数据革命 ［M］. 南宁：广西师范大学出版社，2012.

新与结果。其中，云计算技术的广泛运用，将使数据仓库、联机分析、数据挖掘的能力大大提升，数据可视化能得到充分体现。这亦为智慧城市建设提供了可参照的样本。

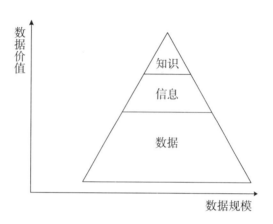

图1　数据、信息、知识的区别和联系①

为了实现数字化向智慧化的发展，深刻认识数据的价值规律是基础。在市场经济条件下，事物的价值发现比事物的本身发现更重要（如马克思的劳动剩余价值理论的发现与建立）。因此，研究数据的价值比研究数据本身还重要。

1. 数据的规模决定数据的价值基础

在《大数据》数据价值理论图中，应在顶端增加智慧，以说明产生智慧的过程。首先，对几倍乃至百倍、千倍、万倍规模的

---

① 涂子沛. 大数据：正在到来的数据革命［M］. 南宁：广西师范大学出版社，2012：88.

数据进行整理，可以发现几分之一、十分之一、百分之一，甚至万分之一的有用的信息；其次，几十倍、几百倍、几千倍信息的积累与分析，可以产生一、两个有用的知识；最后，在相当经验与知识的基础上通过数据模型的数据挖掘，产生智慧，从而实现对事物迅速、灵活、正确理解和解决的能力。它们之间呈宝塔形的逻辑关系，如图2所示。

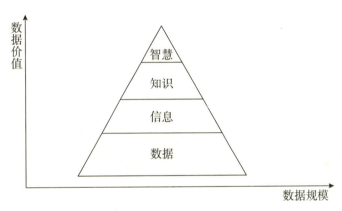

图2 智慧产生的逻辑关系

2. 数据的价值既取决于规模与质量，更取决于其关系结构

不能片面应用数据，听风就是雨，偏听则暗、兼听则明，这是人们正确把握与处理信息的关系结构的经验总结。"智慧安居"特别需要具有时空关系的数据，要按照应用主题把这些数据进行分类、集成，建立科学合理的数据仓库，利用数据挖掘技术对时空维度下的人、事、物数据进行梳理和分析，从而发现数据价值，并加以深度利用，最终实现对人和物的位置追踪。

3. 数据的价值不在于占有,而在于通过深入的整合、分析、挖掘和开发利用,形成新的知识或智慧以辅助决策

捧着金饭碗要饭吃、假物为用、草船借箭等俗语和典故,都说明人们发现数据信息的价值并加以有效利用的极端重要性。这些告诉我们:拥有数据不等于拥有财富;通过研究发现并利用数据的价值,才能创造财富。

4. 实时数据(信息)是开发历史数据(信息)价值的钥匙

如通过将 2012 年 8 月 8 日"海葵"台风在浙江登陆点的信息,与 1988 年 8 月 8 日"比尔"台风的运动轨迹信息进行比较,从而对"海葵"台风在浙江登陆后将经过的路径与范围的预测、预防及时做出了部署。这说明:由于实时数据,引发了对历史数据的挖掘和新的价值利用。

5. 历史数据总体上呈价值递减趋势

这亦是档案的密级及相应保密年限敲定的依据之一,解放前的土地地契档案与解放初的分田档案失效的道理也说明了这一点。不必过于拘泥于旧有的数据,数据价值有其时效性,越旧时段的数据,利用价值越低。数据仓库的建设正是在动态积累中演进的。

数据价值论,既是实现从"数据为王"到"内容为王"转变的指南,也是回答智慧城市项目的"智慧"从何而来的理论依据。

（三）重视智慧的高水平的使用，通过使用来达到服务的目的

前面讲到智慧城市的特点是"内容为王"。什么是"内容"？智慧城市的内容体现在业务性的服务上。例如智能交通的业务是为通畅、平安、高效、方便的出行服务。为什么会是"内容为王"？内容与业务是密切联系的。如果不能满足业务需求，就失去了"内容为王"的意义。

"业务为王"其实是强调"业务应用为王"，提供业务类的智慧服务为王。要牢牢把握"数据为王"到"内容为王"再到"应用业务为王"，再进一步到业务应用追求的"实效服务为王"的内在逻辑关系。"应用业务为王"有五大意义：

1. 体现成效，以事实和业绩说话

例如，智能交通真正使拥堵缓和下来，让每个人感觉到效率提高、方便。是否让服务对象得到实际利益或好处，是决定智慧城市建设成败的关键，不可能有第二个标准。

2. 决定商业模式和服务模式的创新

不同的商业模式，是由不同的应用服务内容决定的。智慧城市主要有三方面的购买服务：市民支付、企业和社会组织支付、政府支付，或者是三种兼而有之，与此对应的服务模式和商务模式也不完全等同。所以，应用业务内容和对象决定着商业模式创

新的架构。

例如在以政府支付、公共服务为主的模式里，政府凭什么把这个项目给这个企业做，而且要付那么多钱，少一点行不行？有的人可能会开玩笑讲：是因为这个企业和哪个官员关系不一般。如果遇到这种指责，那么你的业务模式创新就应该证明，给张三做不给李四做是合理的。现在公共的行为都在舆论和老百姓监督下，政府要埋单或者是为主埋单的项目，商务模式要有相应的业务业绩的比较说明，让老百姓感觉到这样做是对的。

3. 决定应用软件的开发

我在浙江省科技厅工作时，曾主持建设浙江网上技术市场。网上技术市场需要的不是普通软件，而是专用软件，是完全与业务活动相结合的软件。智慧城市的业务软件同样是以业务专用软件为主的。我希望出现浙江企业开发的跨国公司的总部软件，这也是专用软件，因为每个跨国公司的业务链是不同的。国内很多的企业管理软件仅仅是企业内部运作管理的一般软件，而跨国企业总部的软件是要结合不同的业务进行个性化设计的。我国已经有跨国跨省企业经营的个性化软件，如国有股份制银行正在使用的软件。跨国跨省的总部企业软件一定是个性化的，只有这样才能适用于企业、商品和服务。

4. 决定标准建设的架构

后面将会有专门一章介绍智慧城市的标准建设。智慧交通业务和智慧健康的标准架构不一样，智慧物流和智慧水务的标准架构也不一样。标准架构和体系不一致，这是由应用业务的不同决定的。

5. 决定相关业务及安全保障的协同

现在的政府监管必须要有一套体系来实现信息交易的安全性和可靠性，以及运营秩序的有序性。

四、智慧化将给城市发展模式带来新的革命性变化

城市的智慧化已成为当今世界城市发展的重要趋势和基本特征。在这一过程中，城市的生产、生活和治理方式都在发生深刻的变化，从而带来城市发展模式的革命性变化。

生产方式的变化 智能化网络化的信息科学技术，已成为核心技术和现代生产力发展的主导因素。由计算机控制的智能机器体系正在成为主要的生产工具。生活和工作在城市中的以脑力劳动为主、从事信息活动的人，已成为社会的主要价值创造者。具有"三高三新三少"特征（高人力资本含量、高技术含量、高附加值；新技术、新业态、新方式；占地少、消耗少、污染少）的先进制造业、绿色低碳产业以及现代服务业，正在成为现代城

市的主导产业。

生活方式的变化　智能化网络化技术不仅带来了产业的变革，也正使城市生活变得更为快捷、安全和精彩。例如通过智慧健康系统，市民可以实现在家进行健康咨询和远程预约挂号，从而免去排队烦恼；通过智慧交通系统，出行人员可以随时随地了解交通状况，选择便捷通畅的道路，节省大量时间；通过智慧安居系统，可以在上班时掌控家中的安全状况以及老人小孩的实时情况；通过公共无线网络和智能手机、平板电脑、MID（移动互联网设备）等移动终端设备，人们可以利用"碎片时间"满足娱乐、社交和学习的需要。这些不断涌现的新应用不仅提升了市民的生活品质，节省了大量社会资源，也为城市经济的发展创造了新的增长点。

城市治理方式的变化　随着各种智能化信息化手段在城市管理和服务的各领域中的应用，特别像智能城管、智能环保、智能食品药品监管追溯体系，以及智能化的数据统计、智能化建设评价等体系的逐步普及和衍变，不仅可以极大地改善处理各类业务问题的能力，促进城市公共服务均等化，还有助于推动跨部门的协同和资源整合，促进政府与非政府组织之间的交流与合作，使城市管理和服务的规范化、精准化和智能化得到显著的提升，甚至是质的飞跃。

从本质上看，智慧化阶段的现代城市发展模式与传统城市发展方式的区别，就在于信息化与城市化、工业化、市场化的深度融合。

（一）信息化与城市化深度融合

信息化与城市化深度融合，就是信息技术利用与城市综合创新力、竞争力和居民生活品质提升相结合，就是信息化与破解城市发展难题相结合。开展智慧城市建设，就是抓信息化与城市化相结合的有效形式。目前从一些国内外智慧城市项目试点的情况看来，信息技术尤其是网络化智慧化的信息技术，可以有效地破解交通拥堵、城市公共安全、食品药品安全等城市发展难题，提升城市承载能力，并已经成为实现现代城市可持续发展的重要手段。

（二）信息化与工业化深度融合

信息化与工业化深度融合，就是信息化与工业产品、装备、工业企业、工业的生产过程等结合，以及信息化与现代服务业结合，促进传统服务业向现代服务业转型。无论是信息化与工业化的结合，还是信息化与现代服务业的结合，都需要大量的科技、人才来支撑，而城市恰是科技、人才密集集中的地方。所以从理论上说，服务外包基地、软件创新基地、电子商务产业基地、数据与云计算服务基地和先进制造业基地必然先出现在城市，现实发展情况也是如此。

（三）信息化与市场化深度融合

信息化与市场化深度融合，就是信息化与网络的市场化结合。城市是"四位一体"的，即城市是市场开发、培育、融合、监管的主体。信息网络的服务市场需求呈规模化趋势扩张，并呈现出专业化细分爆发的特征。

信息化的服务对象有四大类：第一类，居民和个人的服务化市场；第二类，企业的信息化服务市场；第三类，政府公共服务的信息化市场；第四类，城市的服务化市场。比如智能交通、智能安保、智慧健康保障、智慧食品药品追溯监管体系、智慧环保只能以城市为单位，面向居民和个人、企业以及政府公共服务的信息化市场主要也是以城市为单位。

五、开展智慧城市建设的意义

开展智慧城市建设，开发新兴的应用服务市场与商务模式，可以创造大量的市场需求，进而带动投资、带动技术创新、带动新兴与新型的产业基地集聚发展、带动政府职能转变与服务创新，为又好又快发展提供了新的前景和空间。

一是通过智慧城市建设，创造大量新兴市场的需求，带动各方投资，包括：吸引通信运营商和设备制造商投资，加快无线网络、互联网、物联网、云计算等新一代信息基础设施建设，提高城市网络通行能力和服务能力，加快城市的现代化；吸引网络传输、软件及服务、电子商务与物流服务、网络银行后台服务等网络服务商投资与合作，共同开发新的商业模式，分享新兴市场的机遇；吸引国内外著名 IT 企业入驻，并带动相关信息产业集聚发展。目前，IBM 智慧物流解决方案中心、华为智慧健康研究院均已落户宁波，看中的主要是宁波智慧城市建设试点领域的巨大的新兴市场前景。

二是通过智慧城市建设对装备产品的网络化、智能化提出的新要求，为先进装备制造业基地建设和传统制造业升级带来了机遇。如智慧电网对电表、变压器、电缆、变电所等装备提出了智能化、网络化、标准化的要求；智慧生活对家用电器等产品、装备的智能化提升提出了要求；智慧交通、城际高速、地铁发展带来了智能化交通装备基地建设的机遇；智慧医疗（健康保障）带来了智慧医疗装备业集聚发展的机遇；智能节能环保带来了节能环保装备的发展机遇。

三是通过智慧城市建设，大力推广应用信息与网络技术，推动传统服务业向现代服务业升级；同时催生一批软件产业、现代物流、电子商务、现代金融、旅游出行、网络视听、动漫制作、健康保障等高技术含量、高附加值的现代服务业。

四是通过智慧城市建设，建立一批节能环保新技术的研发和孵化基地，推广一批低碳技术、清洁生产技术、资源循环利用技术和定时监测技术，由此可以大大降低能源消耗率和污染排放率，有利于形成低碳化、可持续的发展模式，加快资源节约型、环境友好型社会建设。

五是通过智慧城市及相关产业基地建设，对技术创新、人才要素保障提出了新需求，推动相关研发机构靠近市场一线进行产业技术创新，形成集聚优势，建设科技创新基地；吸引高层次人才创新创业，带动人才教育培训基地的建设和发展。

六是通过智慧城市建设，有助于通过利用现代网络技术创新社会管理，提高公共服务效率，促进公共服务现代化，建设公共服务型政府和城市。

七是通过智慧城市建设，让发展成果惠及全体人民，让广大人民群众的需求反映更加及时全面，回应服务更加准确有效，从而享有更加便利、更高品质、更具幸福感的生活。如智慧医疗可以促进优质公共服务资源大范围共享，智慧安保可以提升群众安全感，智能交通、智慧环境监测、智能化的食品药品质量可追溯体系等，能使人民群众生活得更安逸、出行更方便、环境更舒适、吃得更放心、玩得更开心。这正是智慧城市建设最根本的出发点和最重要的目标。

第二章　智慧城市建设要注重实务研究

一、智慧城市建设实务研究的重要性

"智慧城市"有两个主题词："智慧"和"城市"。"智慧"是建筑在网络信息技术之上的；"城市"是指"业务"与"内容"的综合体。中国电信集团上海研究院编写过关于智慧城市的书——《智慧城市之路：科学治理与城市个性》，① 这本书的内容偏重技术、智慧和信息，提出了建设智慧城市的理论性框架、战略意义以及目标，具有积极的指导意义，很值得一读。但它不是侧重于实务的，没有把"城市"业务或内容讲透彻。"城市"是一个代表词，其实指的是业务内容，应该要重视业务内容的研究。

实务研究要力求走在前面。如果事先没有想好怎么做，或者想得不够周全，那么将来实际操作中可能就会出问题。书法上有句话："取法于上，仅得其中"。如果实务研究没做好，智慧城市建设的结果可能就成为"取法于中，仅得其下"。

因此智慧城市建设的实务研究是必要的，其重要性可以归纳为以下四个方面。

———————————

① 中国电信集团上海研究院智慧城市研究组．智慧城市之路：科学治理与城市个性 [M]．北京：电子工业出版社，2011．

（一）开展智慧城市建设实务研究，是推动智慧城市建设向实践成功转化的必然要求

当前智慧城市建设面临的情况是：虽有研究但十分缺少成功的案例。为了让智慧城市类项目，包括智慧交通、智慧安居等真正转化为实践和案例，成为"可感、可看、可体验、可享受、有好评"的事物，成为有强大推动力的工作，必须要开展实务研究和示范性的试点项目建设。

毛泽东同志讲过："我们不但要提出任务，而且要解决完成任务的方法问题。我们的任务是过河，但是没有桥或没有船就不能过。不解决桥或船的问题，过河就是一句空话。不解决方法问题，任务也只是瞎说一顿。"①

（二）开展智慧城市建设实务研究，是推动数字城市向智慧城市转型的必然要求

数字城市和智慧城市是两个有联系又有区别的发展阶段。现在很多机构有能力做的、实际上做的，都是数字城市类项目，并

---

① 毛泽东. 关心群众生活，注意工作方法（1934 年 1 月 27 日）.《毛泽东选集》第一卷，第 139 页.

不是智慧城市类项目。中国工程院邬贺铨副院长曾说过：从技术层面看，智慧城市是数字城市的新阶段，这两者有联系但不相等，就像人有童年、青年、中年、老年，发展的阶段与水平并不相同。

第一章中对数字城市和智慧城市的特征做了比较。数字城市的特点是"数据为王"，即主要表达的是数据，没有深入到具体的信息化开发应用。而智慧城市的特点是"内容为王"，更加重视高水平的、大规模的、智慧式的开发使用和业务服务。可见数字城市和智慧城市是两个不同阶段、不同内容的发展概念，不加分析地把两者等同起来是有问题的。

（三）开展智慧城市建设实务研究，是突破信息化发展体制性、结构性、素质性障碍的必然要求

智慧城市建设要统筹解决体制性、结构性、素质性问题。为什么智慧城市和数字城市不同，就在于突破了这些问题的制约。数字鸿沟、信息孤岛就是结构矛盾的表现。"三网融合"很艰难，主要原因就是后面的体制问题。

再说素质问题。信用水平低是信息化应用中的素质性问题，当然根源仍是体制的问题。现在各个部门有各自的想法：政府的统计数据，例如人口数据涉及很多部门，公安、人工计生、民

政、外来务工人员服务管理工作领导小组办公室、劳动和社会保障等各部门都有这些数据，但是大家不太愿意拿出来，借口是"要保密"，从而形成了各自部门的信息孤岛。企业的数据，工商、银行、税务部门都有，国税地税还各有一套，但就是没办法整合，问题的关键在体制。政府部门的"信息中心"太多，而实际上并没有真正的"中心"。

为什么中国结构调整进展太慢？一直强调转变发展方式要迈出实质性步伐，但迈出实质性的步伐为什么这么难？原因在于就结构讲结构，就素质讲素质，结果体制没动，事倍功半，进展有但太慢。例如，我们的科技管理体制和经济管理体制是分割的，过去一直把科技作为事业来发展，实际上现在的科技就是经济，但没有作为经济问题来处理，原因在于管理的体制不一样。虽然我现在同时分管浙江省的工业和科技工作，但体制问题不是一个人能够解决的，还是各自干各自的。2011年度浙江科学技术重大贡献奖，三个有两个是卫生医疗的项目，还不是关于医药的，明显结构失衡。为什么出现这种情况？因为没有把产业结合起来研究部署，这是一个很大的问题。

我们在数字城市建设阶段没有解决体制、结构和素质的问题。智慧城市建设阶段必须突破这些问题，而且首先要从体制上突破。

我提倡智慧城市建设要实行公司化运作，原因有三点：首先是为了解决提高素质的积累（升级版）问题，其次是为了解决基础应用的结构障碍问题，最后是为了解决机制体制创新的问题。

就上述问题，我曾经和中国电科五十二所陈宗年所长讨论过，如果他们的团队在"平安重庆"项目建设结束后就撤回来，不搞公司化运作，那么就不会有升级版，当地用户只能停留在这个水平上使用。没有投资建设运营体制创新，建设就有可能是一种浪费。因此，必须靠公司化的体制创新去推进和提升。

体制问题要靠权力来打破，最合适的就是城市一级政府。省一级政府是指导者，不是具体的实施操作者；县（市、区）一级的市场容量太小，人才太少。城市的市长可以调动横向力量，包括可以立法立规，或者用经济手段，所以城市一级的创新性最好，而且还有规模性。因此，"智慧浙江"建设要从"智慧城市"的建设抓起。另外，在城市一级开展智慧城市建设容易得到群众支持，例如智能安居建设，如果老百姓欢迎，人大政协每次会议上都会促进，这样就比较容易推进。

有的同志希望省委省政府推出"智慧浙江"建设的决定，我认为现阶段这还不成熟，我们对体制突破的艰难性要有充分估计。省一级的某些方面可以尝试，例如安全管理、能源消耗的统计。其实这些垂直的工作早就在做，但横向打通很难。应该首先争取在点上进行突破，成功之后大家都体会到其中的好处就开始好办了。因此，要通过实践来形成共识。所有"智慧城市"都建好了，"智慧浙江"就建好了。我现在也管浙江省的能源工作。比如要建核电站，如果没有和老百姓讲清楚在什么样的地方建是安全可靠的，哪一代核电技术是合理的，这些工作没做好，就先把厂址确定了，先把"旗帜"竖起来，就容易引起群众的反对，这种方式本身就不够智慧。

智慧城市建设工作要有所突破，必须要兵团作战，要一把手真正重视，内涵式地推动，否则难以打破体制问题。因此，浙江省政府办公厅 2011 年发布文件规定：智慧城市试点项目必须经过市政府常务会议讨论并成立领导小组，主要领导要当组长。

（四）开展智慧城市建设实务研究，是抓住机遇用好先发优势的决定性环节

什么是机遇？以义乌的发展为例，当年的机遇是邓小平同志视察南方的讲话。1989 年我到义乌工作，改革的许多方面开始时只准备案例、班子、典型、政策和思路，虽然是在点上有所突破，但成效不大。小平同志视察南方的讲话一发表，大家的认识统一了，改革开放突破的典型、政策、队伍都有了，因而义乌就把这次机遇抓住了。小平同志讲话前，改革开放的思路受到很多观念约束，很多地方在争论，没有办法突破。邓小平同志在视察南方讲话中说，"认为和平演变的主要危险来自经济领域，这些

就是左。"这个讲话，一下子解除了广大干部群众的思想束缚。

我们顺应潮流，抓紧突破发展中的许多体制性问题。浙江的土地批租是从义乌开始的，从 1990 年就开始研究这项工作，1991 年 7 月开始第一宗土地拍卖。当年就是有一个小组，一共 6 个月时间，每周讲一次，前 3 个月我讲，后 3 个月他们研究问题，半年后在面上铺开。当时绍兴市委书记章耀德带所有市委委员来看，一块土地拍卖几个亿，根本想不到，他说听起来简直是天文数字。所以智慧城市建设现在要注意把典型、队伍、政策、法律、案例准备好；要去想没人想、不敢想、将来跟着你想的事；要去做现在没人做、不敢做、将来跟着你做的事。这就是说，要抓住机遇，就要抓对机遇来临前的准备工作。"先发优势"的同义词是"早发优势"，就是"人无我有"，通俗地讲，就是"一招鲜吃遍天"。等到人家也有的时候，我们的成本却更低、水平更高、服务更到位。正所谓"人无我有、人有我特、人特我廉、人廉我好"。

二、智慧城市建设实务研究的特性

（一）正确处理建设与应用的关系，满足需求，体现服务性

智慧城市建设主要要体现应用开发和内容服务。智慧城市的

内容服务是高技术服务业的组成部分，属于信息网络服务业，要和网络传输业加以区别。几大运营商都说自己能做智慧城市服务，但实际上他们原来做的是网络传输服务，这与信息网络服务不是一回事。

例如，智能交通是通过信息网络来优化组织，实现最经济最可靠安全的出行，所以是服务业。智慧医疗也一样。货物贸易是商品，服务贸易是劳务，智慧医疗、智慧安居都是服务贸易。例如把走失的小孩、老人找回来，提供的是一种劳动服务，只不过这些服务建立在信息网络的基础之上。"信息网络服务业"的主题词是内容服务业，其特征或者依托的是信息与网络，这些关系一定要搞清楚。我们容易一头撞到自己擅长的领域。其实，人们的认识都是有路径依赖的，人们习惯于依赖自己的偏好，并认为自己熟悉的东西是最重要的，对于自己不熟悉的东西就容易忽略，因此要学会跳出自我。这些内容服务是什么性质的服务？是智能化的、智慧化的服务。除了网络特征以外，我们必须明白"智慧服务"的特点在于"智慧"，而不是一般的服务。这些智慧服务属于真正的知识经济。

在进行实务研究时，一是要明确服务对象是谁，有什么需求，否则服务内容的设定和满足就存在问题。主要有四类对象：居民和农民、企业、社会组织（包括市场中介组织）、政府。政府的一个职能是为老百姓提供公共服务，而政府的成就感应该来自老百姓。中国航天科工集团到绍兴建设智慧安居，我对他们说要花很大功夫去研究内容服务的需求，满足服务对象的需求是第一位的工作。智慧安居会带来很大需求，例如百姓钥匙丢了打110，不管是消防还是巡逻、治安、交通警察，都要协调去解决他们的问题，帮助找钥匙或开门，满足老百姓的要求。

二是要围绕满足需求进行顶层设计。首先要满足最主要最紧迫的需求。政府经常讲"解决百姓最紧迫、最关心、最实际的问题"，智慧城市建设就是要努力解决这"三个最"的问题，不仅要满足其需求的数量，也要满足其需求的质量，要快捷、安全、可靠、令人满意地解决问题。服务见智慧，服务见功力，服务决定品牌，服务决定成败。

我在浙江省发改委当主任的时候，感觉社会矛盾将要日渐突出，所以倒逼自己去读了法学的社会学专业博士，我的研究课题是《关于外来务工人员的服务》。现在社会虽然还有很多其他矛盾，包括本地、城乡、贫富矛盾，但我认为最大的矛盾还是外来务工人员问题引起的。浙江省有1 000多万外来务工人员。当时我一边研究一边组建领导小组。许多地方前三年还在讲外来务工人员的"管理"，而当年研究时我时常讲对外来务工人员不能只是公共管理，首先应该是"服务"，面向外来务工人员的服务，我们叫"服务为先"，并且提出了"服务为先，新老宁波人融合为主，正面激励为主"的思路与政策举措。原中央政治局常委、中央政法委书记周永康同志到宁波调研时，明确概括为"民生优先、服务为先、基层在先"，讲得真好，包括次序的逻辑。智慧城市的建设一定要注意这三个"先"。

（二）正确处理业务和技术的关系，体现综合性

技术是手段，业务是任务，是内容服务，不要只注意技术或者只注意业务。技术是"桥"，否则过不了"河"。基本要求是通过商业（务）模式的创新来完成任务，实现"一网通、一卡通、一号通、一键通"。"技术＋业务"进一步体现出综合性，特别要注意内容服务与实现手段的结合，不能忽视内容。

（三）正确处理标准化的关系，体现可复制性

着重进行技术、业务、监管等流程的标准化建设，以提高可以复制的能力。例如，智慧安居项目可以先在一个小区试点，试点成功后复制到一个街道，再复制到一个县市区，再复制到多个县市区，再到全市（地级以上市）范围，还可以从一个城市到多个城市进行复制。

（四）正确处理建设、完善与提升的关系，体现可持续性

智慧城市建设总体上要做好顶层设计，一次设计、分步实

施。打个比方，造 30 层楼一定要一次设计。没有钱可以打好地基，先造 10 层，以后有钱了再接着升高。

为什么智慧城市要搞试点，因为可能有多个升级版。像房子建设重在框架性结构，建成后可以具体分割、完善、充实。顶层设计就是着力构建大的框架。有些宾馆的会议厅随时可以分割，可供一千人或者两千人使用，也可以分割成若干个几百人或几十人用的会议室。功能性框架是必须要有的，但要为随时的功能升级留有余地。在试点阶段特别要把握的是：整体设计和模拟实验；然后再调整充实、局部突破（局部试点）；再实践评估，动态完善（但不是颠覆性的重建）；再分批推广、逐步升级。

（五）正确处理各类安全保障的关系，体现可追溯与可追究性

一是要注意可追究性。例如为了保护私密，必须能够在网络数据库中对泄密者予以确认事实并能够追究责任。各个部门可以交换人口信息，但万一泄露了，要能够追究责任。医疗信息涉及大量私密，谁公开披露侵权了，谁就应该受到责任追究。医疗报销也在网上进行，检验和治疗的医生、配药人员、护理人员、网络管理人员等各环节的人员都可能涉及私密，如果没有追究制度可不行。制度建立起来了，才能有共建共享的基础。只有让泄密者付出的违法代价高于所得，甚至高得很多，才能让他望而却

步。如果代价和所得相等，那他还是可能铤而走险的。

　　二是要全面细分不同保障的要求，不仅是网络安全保障的问题，还包括权益保障、信用保障、制度保障、秩序保障等。

　　三是要综合运用各种技术手段、管理手段和法律手段，实现网络的安全保障，不要局限于技术手段。 现在对违法行为的追究模型架构有几种：（1）法律结合规划，如违反城市规划，就是要依照规划法等相关法律，再结合规划来认定；（2）法律结合标准，如食品药品违法行为，就是依据法律与标准来判定；（3）法律结合政策；（4）法律结合管理手段与制度措施。这些模式很多时候是组合型的，要重视对违法行为追究的模型构建。关键是建立可追究的责任制度，有可以查实到每个环节、每个行为的查证制度与责任追究制度、可防范的隔离制度、诚信记录制度、违信追究制度。

（六）正确处理机制继承和创新的关系，体现示范性

　　"智慧城市"建设示范项目业务，总的追求是"服务质量第一，效率第一，品牌第一"。示范作用的最核心意义是：智慧城市是数字城市的继承，但要有创新，一定要达到示范内容服务的要求，示范是创新进入新阶段的标志。如果没有示范只有继承，那就只能停留在数字城市阶段。创新是在继承基础上，示范的水

平是智慧城市的标志，这一点要特别注意。相应的领导推进策略
是：鼓励创新、宽容失败、允许选择、重在比较。

三、智慧城市建设实务研究的主要内容

　　智慧城市建设实务研究的内容非常丰富，视角可以是多样
的，边界可以是开放的。根据现阶段我国智慧城市建设发展的实
际情况，从指导实践的迫切性出发，核心的研究内容应包括以下
几个方面：

（一）商业模式和运作机制创新

　　智慧城市建设目前存在的最大问题是认识问题。对于智慧城
市究竟要解决什么问题，许多人的认识是模糊的和片面的。智慧
城市建设与数字城市建设不同，关键是要一揽子解决"十一五"
规划期间没有根本解决的体制、结构和素质问题，进一步实现跨
越式的发展，主要就是要打破信息化建设当中的条块分割、信息
孤岛，改变业务服务不能协同的格局。本书第三章将阐述"一揽
子解决问题"的含义，并提出基于"一揽子解决问题"而进行
智慧城市业务的设计、建设、运营、完善、提升的基本原则。

为了达到一揽子解决问题的目的，必须探索服务模式、商业模式的创新，投资、建设运营体制机制的创新。公司化运作是一个非常重要的新思路。在目前全国的智慧城市建设实务研究中，还很少有提及公司化运作的问题。本书第四章将介绍公司化运作的含义和好处，并提出在公司化运作的模式下政府部门应重点开展的关键工作。

（二）后台、标准化和制度建设

每一个智慧城市建设项目都必须以特定的后台为载体。后台的建设，包括从名称的选取到架构的设计，再到机制的设计，有许多值得注意的问题。本书第五章对此做了较为系统的分析。

另外，我们千万不能忽视标准化在智慧城市建设过程中的重要作用。标准化建设的"统一规范"、"规范融合"、"规范保障"和"强制实施与推荐示范"等作用，对于智慧城市建设而言都有十分重要的意义。本书第六章对智慧城市标准化建设的理念和方法做了探讨，并提出了实施知识产权战略的技巧。

智慧城市建设当中有一些问题迫切需要通过管理和制度突破来解决，比如数据库的建设和管理模式，比如个人、企业和中介组织的合法权益如何保护，再比如信用保障制度。本书第七章介绍了值得借鉴的几个管理与制度创新的相关案例，并提出了智慧城市管理制度的建设与创新应遵循的几项关键原则。

（三）领导方法

智慧城市建设既是一个全新的课题，也是一项长期的艰巨的任务，需要智慧的领导力量，更需要智慧的领导方法。如果方法得当，会收到"事半功倍"的效果。本书第八章总结了推进智慧城市建设示范试点的几项关键的领导方法，包括共同建设共同享有、争取和统筹各方资源、科学设计政策体系、组织开展示范试点、发挥社会化评价的作用等。

第三章　致力于"一揽子"解决问题

一、智慧城市建设要解决什么问题

目前智慧城市建设的最大问题，就是还没搞清楚问题就提智慧城市建设，解决部分问题或者解决某个环节的问题都不算"一揽子"解决问题。智慧城市究竟要解决什么问题？用一句话概括：就是要解决城市健康发展所面对的一切问题，尤其是让城市居民更方便、更安全、更舒适地生活与工作的问题。

中国科学院曾发布警示报告：中国城市病将大量、全面爆发。城市安全隐患（如高楼消防和电梯安全）、交通拥堵、环境恶劣（如灰霾天气）、地下管网安全、城市防洪能力脆弱等问题，都对城市健康发展形成了严峻的考验。同时，城市公共服务布局也不尽合理。以杭州为例，大的医疗机构过于集中，大的医院都集中在上城区，有些地区人口已经有 50 万，却连一家大的医院都没有；教育优质资源分布也不均衡，造成社会性的择校问题突出，解决难度很大。

能否找到更加有效的解决方案？如果通过本次业务试点项目，能够把这些问题放到一个"篮子"里，然后找到一个分类协同解决的办法，这才是"一揽子"解决问题。

因此，智慧城市建设试点不仅是信息化的问题，而且是要通过信息化网络化服务手段解决城市健康发展当中的问题，解决改善民生服务的突出问题。这需要"智慧＋城市"结合，需要"信息专家＋城市内容业务专家"共同来推进。

总而言之，智慧城市建设一定要从问题入手，把问题或需求疏理清楚了、分类分好了，才能够进入第二个环节，想办法去解决。

二、"一揽子"解决问题的含义

智慧城市建设试点的每一个项目，都要力争系统解决该项目的内容服务所面临的相关问题，就是要力求"一网打尽"，尽可能体现网络综合的与智慧的优势。

例如，台州市申报的智慧城市建设试点项目是"智慧水利"，我认为"智慧水务"的提法更确切。城市水务体制改革最初在上海突破，上海成立了水务局，把水源、制水、供水、污水处理、回水利用、排水、防洪防灾等纳入一个部门来管理，打破了条块分割、分兵把守、缺乏统筹、信息孤岛的格局。就浙江而言，目前水利部门仅仅负责工程建设、运行和防洪救灾，城管负责自来水厂和污水处理厂管理，没有形成"一揽子"解决问题的体制。

"智慧水务"项目或业务就应该系统解决"扩大水利"、"避免水害（污水）"，"防止水患（洪水）"三方面的问题。细化起来就更复杂，它涉及蓄水→制水→（区域）调水→供水→净水→配水→生活用水→回水（污水、废水）→废水处理→回用排水→（区域）滞洪→（区域）调水→合理区域蓄水→防水（洪）等系统。就智慧水务而言，所谓的"一揽子"，就是要解决涉及水务的所有环节的问题，如果仅仅涉及防汛这一个环节，这不符合我们智慧水务示范项目建设"一揽子"解决问题的要求，试点不能只是新技术的某些局部环节的应用。

再比如绍兴市的"智慧安居"的试点，要实现"一揽子"解决问题，就要注意三个方面：

（1）就工作业务来说，应该涉及居民保安（智能门、智能手机）、社区保安、街道保安（乡镇保安）、派出所保安、巡警保安、公安局协同保安等群专结合的"一揽子"保安。

（2）就参与对象来说，涉及"市民、（物业）保安公司、协警、治安警、交通警、消防警、巡特警、刑警"等多对象参与的保安业务与系统协调。

（3）就保安的特征来说，涉及市民服务体系、家居安防体系、企业（单位）安防体系、道路（空间）防控体系、城管服务快速响应体系、消防安全防控体系、公共安全高效应急体系、刑事案件证据获取体系和疑犯追踪体系等多个"体系统筹建设"，真正实现为民服务"一键通（一号通）、一卡通、一网通、一起防、一起保",形成三维立体式、动态防控式、快速响应式、泛在蛛网式的智能安居布局,造就对罪犯是"天罗地网"的威慑力,而对百姓是"夜不闭户、路不拾遗"的安全感和舒适感。

智慧医疗其实也是同样道理,健康档案、智慧医院、社区医疗、公共卫生服务体系、医保报销服务体系(市民、职工、农民都要纳入进去)、网上挂号系统、远程就医系统等体系均需要统一纳入进来,真正实现"一揽子"解决问题,体现"一网打尽"。

致力于"一揽子"解决问题,其实质是要致力于形成"一揽子"解决问题的框架。

(1)要贯彻现代化大生产大协作大协同的理念,形成大格局、大网络、大设计,为充实、完善、提升发展留下空间;切实防止小农小生产式的"小儿科"、小分割、"小诸侯",做些"小靴小鞋",戴点"小手套小头帽"。

(2)要提倡一个理念:"不求所有,但求所用;不求所在,但求有作为"。

(3)一定要有共建共享的理念,不要抱希望于一个部门一个单位"单打独斗"就能够把所有问题都解决,要共同协作实现"一揽子"解决问题的要求。

概括起来,智慧城市要力求解决或防治或减轻影响城市健康发展的"城市病"的"四大问题":拥堵问题、安全问题、公共服务水平不高的问题、环境问题；深层次要统筹解决产业转型升级、就业与民生、工作方式与生活方式、生产方式与消费模式的问题。只有把这些问题深化研究到位了，"一揽子"解决问题的魅力和作用才能够得到充分的展示和实现。

三、"一揽子"解决问题要有智慧

中国电信集团上海研究院智慧城市研究组编著的《智慧城市之路：科学治理与城市个性》一书对智慧城市建设的最高愿景有比较到位的概括："智慧城市建设能让生活在城市中的人实时感受到触手可及的便捷、实时协同的高效、和谐健康的绿色和可感可视的安全，这四大目标也是我们建设智慧城市的最高愿景。"① 这个概括使我们对智慧城市的理解更到位。要实现这四大目标，就要进行"一揽子"的智慧型的顶层设计，这体现在方方面面的环节和投资、建设、营运的始终，首先要体现在顶层设计的原则上。

智慧地进行智慧城市业务的设计、建设、运营、完善、提升

---

① 　中国电信集团上海研究院智慧城市研究组. 智慧城市之路：科学治理与城市个性［M］. 北京：电子工业出版社，2011：87.

的原则，主要有以下三点：

（一）坚持以人为本、服务至上，追求更多更好地为市民服务，争取让更多市民参与、支持的原则，即：要争取有社会广泛支持的智慧

服务型城市政府建设的理念是："把麻烦留给自己，把便利让给市民，把资源开放给社会"。群众的广泛支持、积极参与，是打破业务壁垒、信息孤岛的根本性和决定性的力量。

我们要以人为本，而不能以官为本或以政府为本，这才能说得上有智慧。只有让使用者确实感受到实实在在的好处，才能够真正得到他们的支持。在主题设计、建设方案设计、运维设计方面，都要全面贯彻这个原则。如主题设计，"智能安居"就比"警务物联网"更有优越性，而且更突出更鲜明地体现了以服务为先的主体。

（二）坚持突出重点、注重实效、不断拓展提升，让群众感受、享受、支持并良性发展的原则，即：有良性发展的智慧

"一揽子"解决问题的框架先行，应先重点解决群众目前面临的主要难题。

（1）要把群众最关心、最直接、最得益的"出行难、就医

难、上学难、就业难、安居难、供水供气供电保障难"等放在首位。

（2）把注重解决实际问题，提高实效，让市民得益，让市民方便，让市民安全健康舒适放在检验试点示范成败的位置。

（3）不图形式、不搞花架子、不搞大忽悠、不华而不实，重形式更重内容，重过程更重实绩，重落实重落地更重解决问题。

（4）让群众满足，让实践检验，让群众评判，让官员有服务市民的成就感。

如智慧城管、智慧医疗等，相关部门都要着重树立追求服务市民的成就感的理念。智慧城市的每一项业务示范试点，都应该加强对市民需求的调研，深化解决问题的水平提高，切实把上述几个阶段的工作做深做细做实。

（三）坚持大合作、大集成、大网络、大协同，防止业务分割、信息孤岛、各自为政的原则，即：有大合作大协同的智慧

一是资源的大集成，做到"一网通"。 中国是一个发展中国家，是需要花力气解决民生问题的国家，但同时也要看到，在许多领域中国也是浪费最严重的国家。例如数字城管摄像头、公安摄像头、交通摄像头都是各自独立建设，其实完全可以进行集成建设，但依然故我。数据库的建设，以人口数据为例，统计部

门、公安部门、计生部门、外来务工人员管理部门等多个部门都有自己的数据库，同样完全可以"一网打尽"却没有"一网打尽"。除此之外，还有后台服务平台建设的问题。今后各个城市建设会出现"智慧大楼"，应急指挥中心、便民服务中心、数字城管服务中心、智能安居服务系统等均可放在一个楼里，完全可以集成去建。一定要实现一个方案设计、一体化建设、"一揽子"集成、一个系统运维，统分结合运作，共建共享，防止低水平的重复建设。

二是各方面力量的大协同，做到专群结合、平战结合、服务与监管结合、防范与应急相结合，做到"一起防"。如"智慧安居"就要做到自防（民防）、社会防（志愿者队伍）、协防、警防等各种力量的大协同、大合作。

在各方力量大协同的过程中，涉及智慧城市建设的两个大的特征："智能终端"、"系统协同"。"系统协同"上面已经全面介绍了，这里要着重介绍"智能终端"。

"智能终端"包括"全面感知"，又高于"全面感知"。智能终端包含两种形态：一种是直接的物联网形态，如车联网、梯联网、卡联网，可以实现"一键通"、"一卡通"（如高速公路免停车收费系统 ETC）、"一号通"（宁波市的"拨一拨就灵"81890、110 等）；另一种智能终端是间接的系统和方式，其特征是人机结合的智慧处理的方式，如交通的路网探头等感知装备、路网上的显示屏提示装备系统、杭州市的 FM91.8 交通无线广播服务系统、GPS 驾驶员手机等信息提示警示系统等，进行智能交通导引与个性化的服务，与出行车辆驾驶员智能化的处理相结合，形成了智能交通的人（车）机集成。

三是智慧化的业务与目标集成处理系统。这是智慧城市三大特征中容易被人们忽视的最重要的特征，也是"数字城市"向"智慧城市"演进的体现，即"智慧处理"或"智能处理"。这是应用云计算的海量数据的高水平处理能力而产生的。

为了说明"智慧处理"，我想举一个例子：一个受精的鸡蛋（必备条件 1），在 25℃ ~30℃ 常温下（必备条件 2），经过 21 天左右的时间（必备条件 3），可以孵化出小鸡。上述三个必备条件就形成了从鸡蛋变成小鸡的充分条件。就是说，若干个必备条件（若干个，可能是数十数百数千乃至数万个数据条件）达到充分条件，一定事物的发展，其结果指向亦是一定的。因此，我们可以把无数个充分条件及演变过程的应对预案输入到云计算（后台服务平台）中，云计算构成的后台服务平台就会生成智能化或智慧化处理无数个问题的能力，这使智慧城市的业务项目具有了人的智慧集成的处理能力，这就是"智慧处理"。

我们的智慧城市建设业务示范试点就是要开发建设这样的智慧处理能力。如"智慧医疗"就可以把 100 个名医对无数个病人在 3 ~ 5 年里的检查数据（充分条件）、诊疗结论

（处理判断或依据）、医疗方案（处方）纳入云计算数据后台服务平台，使之与农村社区卫生室相连，当农村居民病人到卫生室医生处检查治疗时，医生只要把所有检查数据输入智慧医疗系统，智慧医疗后台服务平台就会提出参考的诊疗结论和医疗方案，从而达到提高乡村卫生室医疗服务水平的目的。这样可以缓解看病难、看病贵的问题，提高城乡公共卫生服务的均衡发展水平。

第四章　一项业务由一个专业公司负责运营

一、"一个公司运营"的含义

智慧城市建设每一个试点项目都要组建一个内容业务专业公司去运营。应改变传统模式不能简单地由网络服务商的公司去做，而要结合多方力量，坚持大协同的原则进行合作，这是因为需要承担的业务性质不一样。

（一）一项业务要由一个内容业务的服务公司去运营，强调的是专业的内容服务公司

网络服务商的主要业务是做好信息传输网的建设。智慧城市建设当中一个最重要的要求是由内容服务商提供服务，而不是由网络服务商捎带着做内容服务，网络服务商的主要业务是做好信息传输网的建设，捎带服务做不专也做不精。在整个智慧城市规划建设中要做到各方面匹配，网络传输能力要上去，这是毫无疑义的，否则服务提升就没有条件，这为骨干传输网打开了新的发展领域。但是内容服务商的角色并不是由网络服务商捎带一下就可以做好的。

（二）智慧城市建设要实现从"数据为王"向"内容为王"转变

我们不能还是停留在"数据为王"的基础上，必须向"内容为王"的服务转型，"内容为王"的服务是大量业务的服务，如"智慧健康"不但要"治已病"，还应"防未病"，两者加起来才是"智慧健康"的内容，这不是单纯的医疗内容服务，也不是单纯的数据传输满足的问题。因此，"智慧健康"需要另外组建一个专业的业务服务公司来做，而不能简单地由一家网络服务商去做。现在，很多地方在建数据中心，各方参与积极性都很高，但大量的数据可能是无效的数据、垃圾数据，其实这也是浪费，所以重点是要提高综合利用的能力，为业务需求的内容服务的能力。

（三）网络服务商应与其他有专业业务优势的公司联合组建新的专业内容服务公司

我们知道，市场化的交易有三类产品：货物贸易、服务贸易、服务加货物贸易。服务贸易是把知识、劳务等组合进货物贸易之中的。其实货物贸易在发展中也在不断细分，服务贸易也在细分，总的要求是越来越精细化、专业化。网络服务商可以参与到智慧城市的内容服务中，但是要与专业内容服务公司一起组建新的公司去做。网络服务商、设备制造商、城市管理维护商、软件开发及服务商等可以通过专业公司凝聚起来，集聚优势形成综合运作能力。

（四）提供"一揽子"服务的目的是聚焦业务，达到专业性综合性品质性要求

组建专业内容服务公司的目的是提供"一揽子"的服务。业务服务商或者是内容服务商只有通过了解多项业务多种需求，深入智慧城市的业务和需求，结合专业化的技术能力，才能把专业化的"一揽子"服务做好。

二、公司化——项目的投资、运营与使用模式

组建一个公司参与智慧城市类项目，项目的基本投资、运营与使用模式可以考虑以下三种：

（1）国有资本全额投资建设＋企业服务外包运营＋政府与社会利用模式。

（2）股份制投资建设＋企业化服务运营＋政府与社会利用的

模式。

（3）一家企业全额投资建设＋企业服务运营＋政府与社会利用模式。

比较起来，前两种模式比较容易推广。为了创新运营机制、降低投资成本、提高服务效率，加快系统与平台的软件的升级，我更倾向于采用"公司化的运作＋政府与社会利用"的模式，而不赞成"政府投资建设＋事业单位运营＋政府与社会利用"的模式。

政府的政策要根据智慧城市类项目的投资、运营、利用模式来确定。采用上述第一种模式的，政府要确定并提供运营服务外包的资金、激励性的报酬政策、社会性利用的收费定价与分成政策、运营服务外包企业的优惠政策等；采用上述第二种模式的，在上述政策基础之上，还要研究相应保障合理回报的投资政策、分红政策及鼓励再投入的政策；采用上述第三种模式的，在上述政策基础上，还要重点研究分时段的鼓励投资的合理回报政策，如前三年未达到规模效应前的投资回报补贴包干政策，以及鼓励再投资的政策（如一定额度的信贷贴息政策）。

三、实行专业公司化运营的好处

（一）可以提供专业化的内容业务服务

这是从华数模式得到的启发。一个公司做一项专业的内容服务，比如"智慧安居"、"智慧城管"、"智慧交通"、"智慧健康"等，这个专业化其实是跨界的专业化，既需要城市专家也需要信息化专家，公司化可以解决这个问题。在这里，网络信息是手段，但提供的内容业务服务必须要专业，才能把事情做好。

（二）专业公司化有利于服务转型为市场化机制

专业公司化运作有利于以市场化的机制来保证服务的质量与效率。我们可以设想，涉及千家万户的专业性很强的工作，如果让事业单位去运作，不能把握专业运作的规律，将导致效率低下，服务态度和质量得不到保障，使民众报怨。智慧城市建设的具体内容服务要求服务至上，即一定要千方百计满足老百姓的服务需求，包括服务数量、质量和效率，这是一项让群众满意的工作。

只有公司化运作机制才能够做好做优服务：人员能进能退，

岗位能上能下，薪酬能高能低，有一种自我的激励约束机制，如同国际星级宾馆专业管理公司那样，服务态度、效率可以达到比较高的水准。服务业最重要的竞争手段是服务质量和效率。现在的事业单位体制特点难以做到"能进能出、能高能低、能上能下"。没有效率的服务是不能长久的，不可持续的。

要提倡花钱买服务。在一个公司盈利模式里面，可能有四种情况：政府购买的、居民购买的、企业购买的，甚至是社会组织购买的。只有公司化运作，才可以适应各类购买服务的要求。那么，会不会出现同时购买上述四种类型服务的情况呢？这完全是可能的。以绍兴的"智慧安居"来说，富人居住区完全可以、也应该由他们自己出钱购买保安服务；低收入人口居住区需要由政府来埋单；企业的保安可以由此自行埋单。对于罪犯而言，"智慧安居"就是天罗地网；建设时要求一网打尽，不能留下一些空间或者死角。因此，智慧安居品牌打响后，完全可能出现上述几类对象购买保安服务的情况。政府要根据不同对象的具体情况来出台政策文件，规范具体的购买服务的方式和权益保障。假如由一个公司提供统一的内容服务，成本可以降低很多，支付方式可以更加多样，上述四种方式都可以尝试。

（三）公司化运作有利于持续地动态优化

智慧城市的业务服务是一个新事物，需要有一个完善提升的过程，而公司化运作可以较好地适应这样的过程。在发展初期可能会有业务逐步开发的过程，以及不断完善、不断提升的空间，要根据需求变化不断改进，以专业公司运作可以实现这种积累性的提升。为了满足客户对产品质量和服务质量的要求，许多发达国家都设立了"市长质量奖"，开展促进工作。"市长质量奖"有一套评价体系，使用这套体系进行管理，可以保证产品与服务达到一定的品质；同时，设质量奖的目的之一是"促进持续的改善"，即希望能持续地提升产品或服务的质量。

　　华数公司的发展也是如此，分类业务的开发与服务，也是分阶段达到要求的。"一揽子"服务、"一网打尽"是对总体与顶层设计的要求，但业务开发是可以逐步到位的。华数在初建阶段主要以提供新闻方面的服务为主，在此基础上加上了一些文化娱乐内容，现在已经把有偿放映电视电影作为主推的业务，华数也由此不断地在提升服务。这说明，如果不是由一家专业公司去做，可能也会有提升，但进程绝对不会像现在华数这么明显。阿里巴巴的电子商务做得好，亦是定位于专做市场平台类的电子商务专业公司的成功。电子商务可以分很多类，非专业的公司是做不了也做不好这项业务的。美特斯邦威刚开始做的是服装的生产协作系统，后来拓展到以销售为主的系统，最后是把采购、生产制造、营销全部整合在一个服装专营的体系中，以后的服务都是通过不断地进行叠加融合进去的。这些经验都值得我们借鉴。

（四）以专业公司运营，有利于推广与复制

智慧城市示范试点的整体思路就是整体设计、逐步建设、逐步拓展。以绍兴的"智慧安居"为例，可以先在诸暨，在一个社区、街道先做试点，由点到面地推广与复制。当然，方案必须是整体设计的。我们在搞试点的时候，要注意一个问题，即要把绍兴市整体上全覆盖，这关系到专业公司的规模效益。但可以分步实施，第一年做诸暨，第二年扩展到二三个县市，然后再把整个绍兴市全覆盖下来。公司化的必然要求是规模化、有规模效益，这是值得尊重的，对政府和公众也是有利的。现在全国搞的试点都是小打小闹，没办法满足公司的规模效益，这会增加居民与政府的成本支出，同时将难以持久发展；一项业务最起码要达到一个地级市的规模，才能形成规模效益。专业公司若能赢取浙江省的大部分市场，它们才会有更大的积极性，才能实现合作共赢。我不赞同浙江省不同城市做同一个业务项目的试点，原因就在这里。

对业务服务的水平要求要高，但合理的规模效益要求要满足，这就是做高水平示范建设试点应该遵循的原则。先行试点的好处就是先发优势，可以为推广复制创造更好的条件。我想如果把"智慧安居"的总部专业公司设在绍兴市，通过分公司的方式

再推广复制到浙江以外的省市去，这对绍兴市的利益没坏处，这亦是互利共赢的发展模式，要努力去探索。

省内城市间亦要开展互利共赢的开放合作。比如台州做的是"智慧水务"，绍兴做的是"智慧安居"，各自的试点做完以后，两个城市可以通过协议让渡市场，绍兴市的公司不做水务，给台州的专业公司去做；台州的安居业务给绍兴的专业公司去做，这样既降低了成本，扩大了规模效益，又对双方有利。因此，我们要坚持把示范试点做好，为总部基地型的专业公司的发展创造条件。华数公司就是一个很好的例子。这条路是行得通的。

（五）专业公司运营有利于平衡利益

信息孤岛、条块分割的背后其实就是为了利益。我在想，如果让利益相关方按各自的利益比重组建股份公司，形成利益共同体，可能会有利于破除信息孤岛现象。利益共享机制可以通过股份制的办法来解决，关键的一点无非就是把股份配比安排好，形成合理的配比结构。这样组建的公司，大家都看作是自己的公司，就不会再分你的、我的，也不会再搞条块分割了。这样组建的公司会得到更多方面的支持，比以一家非股份制的公司冲破传统运作中方方面面的利益要容易很多。

公司化是有利于打破垄断、打破条块分割、打破公私不分、政企不分的一个途径。当然不是说仅靠这一条就能够解决所有问题，这只是一种利益互换机制，还要多种辅助手段，通过多种方式来完全解决信息孤岛问题。我们现在就是要坚持这样一个观点，哪怕是公共事务特点很强的，也要组建一个公司去做。以城市摄像头建设为例，如果由一家公司投资运作，就可能把城管、公安、交警原来各自安装的探头集中起来，实现规模化一体化运作，避免低水平重复投资。中国电信集团上海研究院智慧城市研究组编著的《智慧城市之路：科学治理与城市个性》一书中提到，智慧城市的第二个特点就是系统协同。目前在全国的智慧城市建设实务研究中，还没有具体提及公司化运作的问题，浙江省应该带头做这方面的尝试。究其实质，就是服务模式、商业模式的创新，投资、建设运营体制机制的创新。

政府承担责任是必须的，但是实现方式是可以多种多样的，出钱购买服务也是一种，而且可能是更合理的一种。不出钱才能说是不作为，出钱尽责也是有作为。那种认为政府要作为就必须自己直接办服务的思路与观点，也是不正确的。政府可以当服务购买方，服务数量、质量达到要求，就付钱；还可以根据服务的满足程度，按有关合同规定，对服务好的给予差异化的奖励，形成这样的激励机制才能走出一条好路来。

四、政府的职责和任务

（一）树立"不求所有但求所用、不求都管但求有所作为"的观念

服务模式创新，是扩大应用、集成应用、提升应用水平的关键。各政府部门要转变观念，树立"不求所有但求所用、不求都管但求有所作为"的观念，推进创新、参与创新，当创新的推动者、促进者、领导者，不当创新的"绊脚石"。

（二）投资建设、运营维护、系统集成、完善提升"一体化"设计

关键是这几项不能前后脱节，不能"黑熊掰棒子，夹一个丢一个"，其实质是要注意商务模式的创新。实现共建共享模式的创新，就是要重视用户、服务单位和监管单位等各自需求的满足（业务服务需求、数据保密的需求、成功展示的需求等），体现各自职能的价值（统分结合、平战结合的运作模式）。

（三）集成业务、技术与监管流程标准"一体化"建设

保证实现互相协同、互通互联，前台与后台的既分工又合作，内网与外网的既隔离又协同，实现电子政务、电子商务的同网协同、保障、可复制、可持续的发展，关键是通过一个公司运作的商务模式创新，来集成业务与技术标准建设。如高速公路"智慧交通"体系建设，ETC 收费卡本身是电子商务，是商业化的内容；高速公路交警履行的职能是政务监管的内容，但是必须整合在一张"智慧高速"网络上。

业务需要继承，标准需要"一体化"，包括各个部门的标准、各个单位的标准、各个业务的标准，以及信息化和业务能涵盖的标准，其实现上述要求的出路只有一个公司负责到底为佳，多方插手可能会搞乱。

（四）建立第三方评价、激励和责任追究机制

实行一个公司化运营的商业模式创新，必须实行服务外包，建立激励约束机制，保证服务质量与效率。同时，要注意到在智慧城市建设过程中，不同角色要有各自的价值追求：网络服务商要追求"流量"，流量增长快，则带动收入增长快；内容服务商要追求服务的"质量"，服务质量好，老百姓口碑好，业务才会发展

得好，才有可能向其他地区复制；城市政府公共服务要追求市民满意度的"考量"，市民满意度高，就说明你的工作是称职的，优秀的。要通过这些服务外包的考评、激励，追求各自的满足。

实行一个公司化运营的商业模式创新，还要真正解决各领域、各环节、各岗位可追溯的责任体系问题。智慧城市建设当中一定要杜绝其业务平台成为不法之徒犯罪工具的可能，因此必须建立可追溯的责任体系。

（五）注重一个公司的技术服务与一套政府指挥体系的积累性磨合

要一个声音指挥、一个指令管理、一个责任追究体系监管；要建立相应的权威领导机构、日常指挥架构、综合的应急指挥体系，而不是一直将视角固化于技术业务支撑单位，否则就无法实现高效的服务。这就需要一个专业公司的技术服务与一套政府指挥体系的积累性磨合，只有技术业务支撑也不利于发展。

第五章 智慧城市的后台建设

一、智慧城市业务后台建设要有好品牌或名称

　　智慧城市的后台建设要和业务紧密结合起来，要有好的品牌或者名称。智慧城市可以有多种业务，例如智慧交通、智慧电网、智慧医疗、智慧水务等，因而业务后台也可以有多个名称，比如服务中心，或者指挥中心、管理中心、协调中心等。我认为称呼服务中心比较好，因为它有四个优点：

（一）品牌响亮

　　现在开展的智慧城市建设项目属于政府类的比较多。"服务中心"的称呼比较亲民、平和、和谐，可体现宗旨。

（二）定位准确

　　现在的智慧城市建设项目都没有称服务中心的，但这些项目的性质是为市民、企业组织服务，同时也为有些机关工作服务，因而应该注重把服务作为第一要务，而不是把管理作为第一追求。

　　智慧城市的后台实际上还有一个重要的服务功能，即作为后台为前端服务。其服务对象，一是对整个的、系统的对象，二是

对一线即前端的对象。如果不顾及前端，只顾后端，做得再好也没有意义。例如智慧安居的大脑与心脏在后台，如果只是指挥，不注意对前端（例如巡警、协警和物业公司）的服务，就会脱离在第一线工作的干部群众。

（三）职责明确

是否很好地履行了服务职责，这是智慧城市建设的最终评价标准。其他的职能即使履行得再好，但如果服务职能没做好，也不算真正的好。

（四）含义明白

"中心"两个字的含义是明白的。例如智慧医疗、智慧安居，服务中心就是其业务的中枢和大脑，做的好不好要负全责，并不是说只有叫指挥中心才要负全责。

二、智慧城市业务后台建设要有明确、清晰的架构

架构清晰体现在哪里？要注意后台是为内容、为业务服务

的，因此智慧城市业务后台的架构格局和业务流有关系，要很好地研究。

举个例子，阿里巴巴电子商务的总体架构应该是五个部分，这五个部分是不能分开的：网络贸易（淘宝网等）、支付（支付宝）、云平台（阿里云）、信用等级评价和保障、物流；一定要有这五个部分，电子商务才能运转得起来。某一部分可以外包但不能少，否则电子商务就会因短腿而无法运转。购买商品时，必须可以通过支付宝在网上支付，否则如果还要到银行去交钱的话，就失去了网购的意义。电子商务必须要有信用评价和制度保障，包括对买入卖出都有保障，使用户不会被骗，各自的权益才能得到保障。阿里巴巴发展初期没有自己专有的物流体系，而是委托邮政提供物流服务，结果到了春节邮政繁忙期就遇到了困难，所以现在阿里巴巴开拓自己的物流体系，问题就有望得到解决。同样的道理，智慧交通、智慧电网也应对架构进行清晰的规划设计，否则业务将因不配套而无法开展。现在有的智慧城市建设的项目业务，往往只做了一部分架构，运转时没有实际意义，就像桌子缺一条腿没办法使用的道理一样。所以要注意架构的完整性，这样才能把整个业务流程真正支撑起来。

智慧城市业务后台一般的架构是什么样的？大致上有以下五个部分。这是一般意义上必须有的部分，但不一定是架构的全部。在项目实践中，并不一定要完全按照这五个体系的结构去建设，但这五个体系的内容和功能必须都要在架构中得到体现。

（一）指挥协同服务体系

在机构内部叫"指挥中心"没有问题，对外还是应该叫"服务中心"。这个体系主要负责日常和应急的协同指挥服务。以"智慧安居"来讲，平常有常规的、一般的指挥协调就可以。例如家庭安保体系，从个人家庭到小区到街道到派出所到公安分局到公安局指挥中心，可能有分层分级指挥，有不同的响应等级。

1. 日常的家庭安保性服务

如果只是发现撬锁，日常指挥叫小区保安去查看就行。

2. 紧急情况下的应急性的服务

例如小区发生火灾，涉及消防（负责灭火救人）、交警（负责封锁区间、交通管制，确保消防、医疗和疏散人员的车辆进出）、治安警（负责疏散人员和维护治安）。2011年"7·23动车事故"发生得很突然，开始现场有点乱，主要是因为当时参与救援的人积极性很高，记者来的也很多，有的地方外围警戒没法做。但总体上还是有序的：首先是保持了主要救援道路的畅通，针对重点对象和主要目标，保持了交通的快速、有序。当时第一位的任务是救人，救出来的伤员要及时送到医院，这就形成了救援体系，这个体系必须完整。再比如交通管制，从现场到医院的主要通道都管了起来，保证了人员救援车辆的畅通。当时消防队伍就在现场，在每节车厢找人，伤员一送上车就送到医院，医生马上过来快速处理。从找人、送伤员、保持道路畅通、协调医院医护人员及时到岗服务，形成了一条龙服务、一体化的协同指挥。所以协同指挥服务中心要有不同层级的反应，应急的时候就要分等级并协同地响应。"7·23动车事故"后的应急主要在温州当地反应，省里主要是后援和协同指挥，派人支援。

我曾经亲历过这样的事件，多年前，我刚调到金华市任常务副市长，当地正要举办火腿节。之前当地出过元宵节灯会踩踏事故，此后已经有十年没搞过类似的大型活动。我到任的时候，离活动只剩15天，金华人民广场的条件实在不适合搞活动，有很多台阶。当时没人管安全指挥，后来让我负责安全工作，我说我来管可以，但必须统一听我指挥，我有权随时下令处置。为了这次活动安全，我们建立了三道防线：第一道防线把货车卡住，第二道防线把一般客车卡住，第三道防线把小车和自行车卡住，最后核心防线进行人员和机械相结合的安全隔离。金华市从新华街到人民广场有多个大台阶，如果上面有人一挤一推的话，就容易出事情。我们用部队组成三道人墙，再用铁手架隔开，进口有很多通道太宽，于是隔成一个个小通道，只允许单人通过。另外，我们还对每个人员定岗，分外围、中间、现场控制和道路控制，由此保障了活动的安全进行。

应急指挥的正确与否、效率高低，还决定着是否会发生次生灾害。例如，如果发生银行抢劫、金店抢劫，"智慧安居"的架构里一定要有相应的指挥体系。但这种指挥体系的设计和应急预案的准备，都应该非常详细，并能够防范派生的或次生问题的产生。

3. 后台的服务可以把日常服务外包给专业公司

现在很多百姓有事就找民警，比如老人小孩走丢，钥匙忘记拿了，请民警帮助开门。这些都属于事务性的服务，并不属于安保范畴。这些内容服务可以转移给像宁波市的"81890市民服务热线"去完成。现在绍兴在建设"智慧安居"，我建议在绍兴设立一个类似宁波"81890"的分公司。因此，有一个问题一定要明确：我们做的是综合服务的后台，在平台上面还可以有类似上述"81890"类的许多专业的服务，平台或后台本身可以不要全部由自己包下来，全部包下来的效率不高，因为你不一定是非常专业的。但如果不解决日常事务性服务问题，老百姓感觉不方便，口碑与品牌就不行，所以群众要求的事一定要尽力办好，一定要有专业承办的单位。

前面讲到智慧城市建设的第二个特点是系统协同。系统协同的作用将在所有业务里体现出来，不要把系统协同、智慧处理、智慧终端和业务链条分开来理解，尤其是在应急的情况下，最能充分体现系统协同的是应急状况下的指挥，但非应急情况下也有系统协同问题。日常事务性服务也可以叫做呼叫服务，这个可以向网络服务商的呼叫中心学习。

（二）呼叫服务体系

呼叫服务体系的手段包括：

（1）无线电广播，如杭州市交通台 FM91.8。对于智慧城市建设来说，一个城市范围的广播系统是有意义的，但对省级范围的实质性意义不大。

（2）手机。

（3）电子屏幕系统。

（4）车载电脑网络。

我们要注意到，提供后台服务的时候要把这些手段综合起来使用。中国工程院常务副院长潘云鹤同志在浙江省科学论坛上曾讲过，感知系统有多种，现在可以利用的感知手段有 20 多种。它既是感知的体系，也是传达信息呼叫服务的体系，有许多是可以同样起作用的。

关于呼叫服务体系的内容，以高速公路智慧服务为例，有以下几类：

（1）气象提醒服务（特别是大雾）。

（2）路网通行状况服务。

（3）超速提醒服务。

（4）超限（超重超高超长）提醒服务。

（5）危化品运输错行提醒服务。危化品运输是必须按照规定路线走的。2011 年杭州曾经出过运输事故，一辆化学品车在钱塘江上游翻车，污染了水源上游，造成较大的危害。所以一般来说，水源地不允许危险化学品运输车辆经过。如果发现危险化学品运输车辆走错路线要提醒，还要提供服务，提示它在哪个路口下来，转到预定允许的路线上去。

在浙江省第一批智慧城市建设示范试点中，丽水市的项目是"智慧政务"。智慧政务的构成内容是什么？"智慧政务"首先要把服务搞清楚。

第一大类是面向百姓的服务：

（1）日常家庭生活的公用服务：供气、电、水等。

（2）基本的社会公共服务：这是泛指的，不是每家每户都一定有的，比如教育、医疗、文化、养老、住房、就业等服务。这些服务可能不是天天都需要，也不是每家每户都需要。

（3）安防方面的服务：这些服务的内容不完全一样，但都有一个特点：是依法保障满足的。

（4）权益投诉服务。

（5）其他服务：婚姻登记、计划生育、出国出境。

第二大类是面向企业的服务：

（1）许可类服务：工商登记、项目许可审批、规划选址、房屋拆迁、企业重组等。

（2）支持类政策扶助服务。

（3）救济性服务：比如企业遇到的突发事件。

第三大类是面向社会组织的服务。第四大类是政府间服务。这里都不展开讨论。

如果不能把业务系统进行梳理，很容易同架构纠结在一起，业务流肯定会受到影响，所以我们一定要把这些业务分类工作搞清楚。可以找些"老机关"、"老行政"，他们中有些人对从20世纪50年代到现在的所有政策、法规及其演变都很熟悉，往往靠1 000个外行的人都不能解决的问题，仅靠20个熟悉业务、政策、法规的人就解决了。能否高效率、高质量搞好这些工作，不在于铺摊子，搞人海战术，而是使用一些熟悉业务流程、内容、标准和政策、法规、办理程序的人去梳理业务。他们无论对于"智慧安居"还是"智能交通建设"，都能提供很高效的智力支持。

（三）全程的责任追溯查证体系

我在不同场合曾经多次强调，这套全程的责任追溯查证体系必须要有，就像飞机有"黑匣子"，我们更加要有，否则智慧城市业务平台运作时谁都可能漫不经心。我们特别要注意业务内容，要细致梳理，框架要清楚，包括指令下达查证，指令执行查证，自行纠错查证，违规受到处理情况的查证等。可能还要建立黑名单制度，比如通行车辆是否无证驾驶、有无酒驾、吊销驾证后有没有冒办假证。

仅仅有信用制度还不够，一定要建立查究制度。查究制度要有一套标准，犯到什么程度的过错，就给予相应的处理，包括：警告、罚款、黄牌警告、留用察看、下岗处理、司法处理等。这套查证追究体系要与信用体系一样，对外部建设的是信用体系，在内部有执行的责任追究体系相配合。"网善若水"，网络的特性与水很像。水害比火灾还厉害，大水可以把一个城市淹没，而火最多烧一片。所以要兴利除弊，要利用网络好的方面和优势，同时防范问题的发生。

（四）智慧处理决策咨询支持体系

智慧处理决策的咨询支持体系具体可能由以下部分构成：

（1）动态实时感知系统。

（2）动态模拟预测系统：针对正常或略有异常的情况。

（3）动态预警系统：针对严重异常情况。

（4）应急预案咨询系统：针对异常情况，包含不同等级的预案，还可以包括专家系统。

上述体系就是要充分利用能针对海量数据做出快速反应的智慧处理体系。

为什么说物联网是智慧城市的一个重要组成部分？因为实时感知是很重要的。在什么样的情况下要预测？包括正常的、略有异常的和严重异常的情况。针对严重异常的情况，要有预警系统，要有很多种预案，有不同等级的反应。常规下这四套系统都不能少，这些都是起决策支持作用的，没有这样的体系就不行。以交通拥堵为例，是局部拥堵，是某个时段拥堵，还是全局拥堵？通过决策辅助咨询支持体系，可以很简便地进行分析、判断、决策，并有智慧地进行处理。

在智慧处理中，云计算、物联网等技术、智慧终端的作用是一定要发挥的，这构成了智慧处理的重要支撑。但是，人还是要负责任的。无论如何，我们不能推卸责任，把责任推给技术装备。因为既然选择了其中一种方案，就要承担责任；但由于有先进的决策咨询辅助体系，出错的机会会少一些。

关于城市内部的智慧交通，现在我们讲的多数是指城区内部的，而非城际的；智慧高速是城际之间的。为了做好智慧交通的决策咨询体系，就要切实加强实际调查。调查方式包括：

（1）设点观察调研，例如设 10 个控制点，进行流量调查，调查到底有多少车辆，车辆是城市内部的还是外部的，是单位的还是个人的。

（2）分时段统计车流量调查。一般是统计上下班高峰时段。

（3）分区域进行车辆的空间结构和固定流向的调查。

（4）车辆归属基本情况调查。例如有多少私家车、单位车辆、政府车辆；车辆驾驶人员及其手机等情况调查。

（5）城内车辆固定行驶目的地与通行路线、通行时段等的综合调查。

（6）道路路网不同组织与通行能力调查。

这些调查的目的是为了决策咨询辅助体系的设计，其设计可以有多个模型。例如要考察杭州市滨江到主城区的通行情况，主要把高峰时段掌握住就行；调查主要路段、主要区间、主要区域即可，因为这些地方最容易出现拥堵情况。

我们的路网包括：主要交通干道、普通道路、社区巷道。有人认为交通干道越宽越好，这不一定；最容易堵车的是拐弯的地方，拐弯时间占用长了是不经济的，所以要做系统调查。在调查中就可以预测，再加上实时感知及预警。以杭州市曙光路保俶路口到黄龙饭店路段为例，每天早上上班高峰，往东走的车辆最高可能是 3 万辆，往西走的可能是 1 万辆，所以把三车道调出来供车辆往东行驶，用一条车道供向西方向的车辆用。但如果突然发现车流量增加到 5 万辆，就是发生了严重的异常情况。这个时候怎么处理？是往东走的车辆多了 1 万辆，还是往西的多了 1 万辆？怎么疏导？与上述讲的金华火腿节大活动安保原则一样：要建立多道防线进行疏导，第一圈、第二圈、第三圈，在外围就可以分圈进行拦阻分流；可以变化红绿灯的调整时间；可以分不同层级进行梳理。平时交通流量等数据的积累，数据的联机分析和挖掘做到位，决策咨询支持系统肯定很实用也很管用，甚至可以帮助我们做决策，必要的时候可以开辟另外的平时不走的道路，开辟临时通道、应急通道；就像应对长江洪水，必要时可以泄洪以减少损失。这些都是建立智慧决策咨询支持系统的结果。

有的时候，智慧交通的调查还可以再细化。比如沿途有哪几个主要的大型居民区、大学、单位，每个大单位有多少车辆，平时目的地是哪里，主要走哪些道路。只要把这些调查统计分析的工作做充分了，智慧交通的决策咨询支持系统是很容易建立起来的。但实际上我们很少做这些基础性的、深入的、系统的、智慧型的处理方案。

（五）地理数据信息及其他基础数据库支持体系

基础数据库的建设，关键在于服务于应用的"建模"，"建模"重于建设。这对于"一揽子"解决问题的商业（商务）模式创新，具有基础性的对应关系和重要作用，不可轻视。这亦是智慧城市建设"创新促发展"的体现。

基础数据库的建设可以如大型图书馆、资料中心建设一样，可以采取"模块化"发展的模式。配合利用云存储的技术，根据专业云服务的需要，实行逐"模块化"的扩展方式，逐步取代现有的数据中心、数据交换中心的发展模式。因此我已经不称之为数据的"中心"，这其中包含着我的理解与认知。

基础数据库的建设要重视数据为应用而进行的分类，形成便利化应用的模块结构。

下面以"智慧安居"、"智慧交通"等为例加以说明。

1. 有用的、适用的、主要的、关键的信息

一是"智慧安居"需要的静态的信息，主要为确认"何人、何时、何地发生的危害行为"的信息，包括人、房、车、船、企业、参与的组织、各类证卡、手机等信息。

二是"智慧安居"需要的动态的信息（动态的轨迹包含慢变的动态轨迹，即不借助交通工具的行为变化轨迹；还包含快变的动态轨迹，即借助各种交通工作的行为变化轨迹），主要为确认"何始（何地开始）、何行（活动过程）、何终（止）的发生危害行为"的信息，包括地铁、城市道路、公路、乡村道路、江河湖海水路等物联网感知系统的信息。

2. 适应业务需求的地理空间布局相关位置及位置变化的信息

如"智慧交通"的车辆高峰时的关键路段、关键时段的相关局域范围内居住小区人员车辆、单位及车辆，大型人流、客流、车流集中场所的信息，以及路网结构、通行能力信息。这类信息

有助于进行正常情况与异常情况的比较分析，并有助于制定应急方案。"智慧水务"、"智慧气网"等也离不开影响检测范围内局域网络构成的相对关键信息。

3. 可以进行分析、比较、预测变化的过去的重要信息

如城市在燃气网络相应时点的不同部位与控制点的流量信息。又如 2012 年 8 月 8 日台风"海葵"在浙江登陆点的信息，与 1988 年 8 月 8 日台风"比尔"的运动轨迹信息进行比较，从而对"海葵"在浙江登陆后将经过的路径与范围的预测、预防及做出的部署。

4. 动态的有一定运动规律的相应信息

如"智慧交通"中高峰时段的某一路段整车的车辆有规律的通行量信息。比如前面谈到的每天上午 8 时向东的流量为 3 万辆左右，向西的流量为 1 万辆上下，这对于"智慧交通"研究提高道路使用效率和应急协同智慧服务有重要意义。

又如在"智慧安居"的建设中，要把加强对人的服务作为根本，把人的居住地"房"的信息作为重要内容，把运输工具作为人的活动的重要载体信息，把手机等通讯手段的活动信息作为重要构成，把道路网络的监控信息作为重要手段，构成服务人民的安全网、监控犯罪行为的"天罗地网"。

上述五个体系将来可以考虑建"智慧大楼"。大楼的一层可

以是市民呼叫中心，即日常事务呼叫服务中心，比如81890；二层是交通、城管、综合协同指挥大厅，应急协同，分块联合布置。这些体系可以有分有合：放在一个大楼里，协同更方便，也可以用云存储的方式将数据库建到外地去，使用的时候对力量、队伍和协同指挥的布局要尽量集成，不要太分散。

三、智慧城市业务后台建设要有管用的机制

（一）统分结合的、合理的、扬长避短的建设运营体制

不要一讲"一网打尽"，就要全部自己包办。网络是综合服务平台性质的，不一定什么都自己去"表演"。网络服务已经有这样的模式，分专业的服务可以外包。例如电信、移动、联通主要提供数据传输的综合服务，类似阅读基地、各种软件应用这样的专业服务，可以通过外包提供。

（二）处理好日常与应急的关系

这里不具体展开，关键是日常和应急关系的边界要清晰，责任一定要明确，是谁的事情就是谁的事情，否则追究责任时就会扯皮，就会很麻烦。

（三）内外有别的安全保障体制

有的事故发生后，才发现后台服务的安全保障体制有问题，造成了重大的损失，所以要建立内外有别的安全保障体制。

一是防止指挥调度中心谁都可以进去。中心是心脏，是大脑，万一谁搞破坏，整个系统就会被搞乱。智慧城市项目实施以后，对后台系统的依赖性越来越大，会慢慢地培养一些懒惰的人、不动脑子的人。如果把这套系统搞瘫痪了，对于城市就是非常大的灾难。因此要加强对后台与系统的保护，建立内外有别的安全保障体系。

二是软件开发要有严格的管理、责任制度。不能发现软件有问题，谁都可以去调度中心随便改，这是绝对不允许的。因为万一改错了怎么办？软件上线一定要经过模拟评估，达到一定的质量要求与安全保障要求。完善软件也要有评估，经过批准后才能上线。这些都需要一套非常严格的制度保障。

第六章　智慧城市的标准化建设

一、标准化的概念和作用

关于"标准化"的概念，中国社会科学院经济所编的《现代经济辞典》① 给出的定义是"对社会生产和服务活动所规定的统一的技术要求"，其实这个定义的重点是阐述了"标准"的含义。

标准化，是对社会生产和服务活动的技术要求进行统一规范的行为，是依法保障的确保产品质量和服务质量、维护人民群众健康安全及相应权益、减少重复投资建设、促进技术进步的活动。

这里有三个主题词："社会生产"、"服务活动"、"技术要求"。两个对象"社会生产"、"服务活动"，目标指向"技术要求"。"社会生产"主要是物质生产，即货物生产；还包括工程建设，因为工程建设形成了新的物件。"服务活动"，准确的解释是劳务行为的活动。社会生产和服务活动达到规范的技术的要求，这个行为叫做标准化。标准化的作用主要有五个方面：

---

① 刘树成主编. 现代经济辞典［M］. 南京：江苏人民出版社，2005.

（一）保障生命健康安全

食品药品生产应该有标准，包括添加剂含量超过标准多少会对人体产生危害，应该有明确的规定。还有工程和生产过程的安全，例如，电力防护的标准和操作规则的标准。建筑施工企业的建设安装标准、技术规范，也属于这个范畴，目的是为了保障使用者的身体安全，保障生产与建设过程的员工安全。

（二）减少浪费（减少重复生产建设）

例如，现在手机接口和充电器的标准不一，电池标准也不一，所以我们很多人都有好几个手机充电器和电池。这在资源上是很大的浪费，在生产上属于重复生产。

（三）保障生产企业、消费者的合法权益，防范和治理质次价高

如果粗制滥造、偷工减料，不达到标准技术去生产，出现质次价高等问题，就等于侵犯消费者和下游生产者的权益。如果提供的是服务，就要保障服务的质量；如果提供的是生产，就要保证产品质量，这才不侵犯消费者权益。

（四）促进技术进步

为什么标准化和技术进步会联系在一起？当每个产品或服务的标准提高之后，生产者可以得到市场竞争的先发优势，赢得高额利润；消费者可以得到更大更好的消费满足，从而推动和鼓励技术进步。

标准一般是下限标准，品质好的产品与服务往往体现在超过规定的下限标准，而要实现这一点，又要依靠技术进步。例如，一座大楼有些建筑企业建成 50 年使用没问题，但是另一些建筑企业建造的能够保证 100 年没有问题，这个差异是技术进步带来的。因此，标准化不仅能够判断谁的产品与服务合不合格，还能判断谁的产品与服务的技术更先进，实现优质优价。没有标准化就没有办法判断质量，有了标准化就可以判断是优质品还是合格品；合格是最起码的要求，优质则是技术含量高的要求；所以标准化可以在市场中为高于合格标准的产品提供支持。同样的装备，节能电机和普通电机的价格就不一样。普通电机也要合格，否则不能卖；节能电机有技术含量，可以少交电费，物有所值，品质比普通电机好，因此价格比普通电机高。如果没有标准，大家都说自己的产品是优质产品，就没有判断优劣的尺度了。标准化提供了一种标尺，没有这样的标尺就不能推动技术进步。

同时，还有些专利可以转化为标准，这也是一种竞争的手段，可以首先占领市场的制高点，加速市场的开发，加快落后产品的淘汰。为什么 iPhone 出来后，其他手机的市场越来越小？并不是因为 iPhone 有很多自己的专利，而是其技术组合得很好，可以得到市场先发优势。其实 iPhone 本身已成为一种标准，消费者体验后都觉得这是一种新标准，老的产品市场自然会萎缩。如果不建立标准，消费者没有标准的概念，就达不到这样的要求。

（五）维护国家利益安全

有些产品是全世界流通的，有些却不是。有了一定的标准，就可以达到保护国家利益的要求。现在许多贸易战实质上是标准战。十多年前外国规定打火机要用多大的力量才能打开，表面的理由是防止小孩玩火，但实际目的是不让国外产品进来，起到保护民族工业与国内就业的作用。现在发达国家提出了许多健康和社会责任的标准，实际上也是出于保护本国经济利益的目的。

标准如果不构成法律保护，就无法起作用。我们国家有《中华人民共和国标准化法》。最近工信部公布了《信息安全技术、公共及商用服务信息系统个人信息保护指南》，并且已经向国家标准化管理委员会申报国家标准。还有许多标准已经出台或即将出台，我们应关注其动态，并使用好这些标准。

二、智慧城市标准化建设的目的

要充分理解智慧城市开展标准化建设的目的，更好地发挥标准化建设的作用。我们所有的行为都是有目的的。这里讲的标准还包括业务标准，比如智慧交通、智慧水务、智慧电网。智慧城市建设为什么要重视标准？理解标准化建设的目的很有必要。主要目的有以下几个方面：

（一）充分发挥标准化建设的"统一规范"作用，有效瓦解并防范"信息孤岛"、条块分割的低水平重复建设

现在很多信息产品标准都不一样，缺少统一规范的服务标准，许多业务系统都各自为战，这亦是产生信息孤岛的重要原因，导致我们希望的"一卡通"却通不了。所以，现在的钱包越装越大，因为里面要装一大堆的卡。我小时候在农村看到城里有工作的人都有一大串钥匙，很羡慕。现在看来，钥匙多不一定好。同样道理，卡越多可能越落后。

通过标准的统一规范作用，可以有效制止和防治信息孤岛、条块分割的低水平建设。现在政府的许多信息不能共享，比如人

口的信息，养老保障部门、计划生育部门、民政救济部门都在管，却不能共享，这也是由当时初建时缺乏统一强制的人口信息标准造成的。现在我们要吸取这个教训，在智慧城市建设试点时就重视统一规范标准，抢占制高点，防止各自为政或政出多门，防止各行其是。

（二）充分发挥标准化建设对技术、业务、监管的"规范融合"作用，支持并促进商务模式的创新

在智慧城市建设中有一个很重要的工作：如何促进协同？标准化可以促进"三大协同"，即技术与业务的协同；业务与流程的协同；业务与监管的协同。前两个协同由公司为主实现，后一个协同要由政府监管主动推动。

以国际航运物流为例，所有产品都得装上集装箱运输。集装箱要标准化，运输过程的业务流与监管流的标准也要一致，这可以提高运输效率和监管部门的监管效率。海关、国家检验检疫局等监管部门的技术标准，与运输企业、国际航运轮船的标准要相一致。物流中会经过装卸、搬运、吊装，统一标准有利于提高效率。国际航运就像人乘坐飞机一样，将会根据不同航线在不同的机场（港口）进行不停的组合，除了航线比较短的，一般都不可能点对点直飞。比如把青岛的 2 000 箱货物运到宁波，然后根据

不同的目的地，把这 2 000 箱货物分别装到三艘集装箱船上并运往欧洲、美国与非洲。这样就有不同的业务、不同的目的地、不同的港口之间的协同，检验检测等各方面技术与业务的协同，业务与监管的协同。还可能有多个环节的不同的监管部门之间的协同，例如海关就有很多：山东、浙江的海关，可能还有新加坡、美国的海关。所以需要把技术、业务、行政监管融合在一起，通过标准化规范实现融合，通过融合实现协同，把方方面面的东西放在一个平台、网络系统、标准体系里集成运作。

技术、业务、监管三者协同之后会带来很多好处。比如杭州市的电动汽车正在试点，现在很多消费者都不大愿意使用，因为充电麻烦、电池及更换费用增加，电池充电时间较长。解决的办法是什么？杭州市的思路是：（1）由电网公司买电池，用户只需要买车；（2）电网公司负责充电；（3）通过智慧物流系统随叫随到地更换充好电的电池，配送电池到户；路上出行遇到电池故障的，市域范围保证 15 分钟内送到更换；建立许多充电的配送点和路上巡逻配送电池的车辆。这样，不管大车小车使用的电池都要标准化，比如长宽高都要标准化。小车用一排电池，公交车可以用三组电池组合起来。一块电池的结构也是组合型的，当蓄电池的功能减弱时，并不是每一个小组件都坏了，可以通过检测，将功能弱化的小组件更换掉，这样可以增加寿命，减少成本。而不用像我们使用的手机电池那样，一旦不行就只能整块扔掉。消费者购买电动车，中央和地方政府的财政将补贴一半，再加上杭州市规定电动汽车行驶 6 万公里以内的电费由政府埋单，成本减少了，项目运作过程就比较容易实现。目前杭州、金华正在试点，还可以延伸到周边 100 公里范围内的地区。比如杭州到湖州路程大约 1 个多小时，在中途将建设换电池配送站，再辅以一些充电桩，基本上就不存在什么问题了。

上述例子实际上是对商务模式进行创新，可以起个名称："电动汽车动力智慧配送体系"。它通过标准化，几个方面协同，充电、配送、检测及维护三大系统用一个模式组合，形成体系，从而形成新的商务模式。电动汽车要搞规模化试点，杭州要发展电动汽车，必须要建立这个体系。没有统一的标准的建设与动力配送的商务模式创新，电动汽车的规模化示范就很难，电动汽车的使用成本会大大提高，高到一定水平就将无法承受，也就无法促进电动汽车制造业的发展。

总而言之，商务模式创新、业务、技术、监管的标准化是联系在一起的。没有这个标准，生产汽车的、生产电池的、为汽车充配电的、为汽车检测服务的、政府监管的，就没有统一的规范。所以我认为可以由电网公司牵头来制定标准，我们一起来进行推广。

（三）充分发挥标准化建设对服务质量的"规范保障"作用，打造服务品牌，保障服务品质和服务对象的权益

国际标准化组织有 ISO9000 系列质量管理体系标准，它既是标准衡量的尺度，也是保障服务质量的工具。

智慧城市建设的业务项目实际上应属于内容服务业。如何保证其服务品质？不能等到大家感受到它的服务质量不行了才去研究改变它，而应该可以按照 ISO9000 系列进行过程管理，来保证服务质量。让智慧城市的具体业务内容服务得到大家认可，就容易形成好的品牌，可以保证试点的成功。企业要创品牌，服务质量就要有保证。智慧城市建设要成功，要一炮打响，服务质量一定要保证。要让人感到服务质量是最好的，要在试点过程中严格按照 ISO9000 的要求，进行全过程的管理，来保证每个环节的品质都达到标准以上，从而保证服务品质，创建品牌。

（四）充分发挥标准化建设的"强制实施与制高点推荐示范"作用，加快智慧城市示范试点的"复制与推广"

标准有两种类型：一类是强制性标准，另一类是推荐性标准。

强制性标准包括：（1）保证人民生命健康安全的。如果连这

个最基本的标准都保证不了，就完全没有资格生产和服务，这是准入的最基本条件。（2）保证生命财产安全。（3）法律另外做出特别规定的，例如保证国家安全。以上三方面都是强制标准的内容。强制标准是强制实施的标准。谁创造了强制性的标准，谁的产品和服务就占领了市场的制高点。

推荐性标准是指强制标准以外的标准。国家、行业和地方标准里面都有非强制性的标准。比如前面讲的工信部颁布的《信息安全技术、公共及商用服务信息系统个人信息保护指南》，目前就还只是一个规范性文件，并不是强制性标准。但推荐性标准也有制高点作用，因为：（1）它可能会变成强制性标准；（2）它可能会成为市场的标准、大家认可的事实的标准。消费者会按照这个接受的标准去决定消费，这同样就占领了市场开发的制高点。就像跨国公司掌握了销售体系，就有议价权和下单权那样，标准领先被消费者认可的产品与服务，就会有市场开发的先发优势。这就是市场制高点。因此，强制性标准与推荐性标准都可以占领市场开发的制高点。

推荐性标准还可能产生消费者的宽容度的变化。比如我们有些地方原来比较穷，对污染把关不是很严，有的吃总比饿肚子强，所以对食品的标准宽容度会比较高，不太讲究；但后来收入增加了，宽容度收缩了，对标准的尺度要求相应提高了，这就是标准的宽容度变化。因此，在实际生活中的强制性实施标准的方式也有两种：一种是法律强制实施的；另一种是社会、市场与消费者自动强制实施的。为什么推荐性标准也有这么大魅力？因为会得到社会、市场、多数消费者普遍的认可，是社会、市场与消费者自动强制实施的。这表明标准实施的强制方式的两个类别可以互相促进、转换。这个原理说明：（1）抓住标准的制高点，就抓住了市场开发的制高点；（2）抓住标准与市场开发的制高点，就抓住了智慧城市业务项目推广复制的制高点。没有按照标准化去建设的项目是不可能复制推广的。如果浙江能捷足先得广大群众认可，就有可能形成全国推广复制的一套模式。比如"智慧安居"先在绍兴试点，如果试点成功，就可以推广复制到其他城市。

标准化建设一旦和市场相结合，就有三句话："先者早得"、"强者先得"和"胜者全得"。一般都讲"胜者全得"，为了表达更确切，我加了前面两句。

（1）"先者早得"是指把先发优势发挥好，可早一点赢得推广复制；我们要争取早一点得到市场的认可、法律的认可、国家标准和行业标准的认可。

（2）"强者先得"是指如果大家都赶上来了，那看谁更厉害，谁的标准比别人的高，比别人的品质更优，谁就能先得到消费者的认可。

（3）"胜者全得"，指的是在标准的竞争中，胜者可以全得，如苹果的 iPhone。再如浙江省的华数电视,原来各个市都在搞新的服务模式,最后都没搞成功,在比较之后,华数电视一家独胜,其他的模式都关门了。标准化战略和市场开发战略相结合,自然会得到上述的结论。

三、智慧城市标准化建设要抓住关键,提高建设水平

在智慧城市建设示范试点中,开展标准化建设是一种积极的有价值的尝试,意义很大但难度不小。要抓住关键、逐步完善,注重规范,提升发展。

(一)编制业务内容与标准建设的建设"方案",要树立"双顶层设计与融合促进"理念

编制业务内容与标准建设的建设"方案",不仅要抢占智慧城市应用业务方案顶层设计与标准化建设方案顶层设计的制高点,更要树立"双顶层设计与融合促进"理念;要通过双向的融合,提升商务模式创新的水平。

以"智慧医疗"为例,"双顶层"的含义,一是智慧医疗建

设的总体方案的顶层设计，主要是满足业务服务内容的需要；二是智慧医疗的标准建设方案的顶层设计，主要是要满足质量水平的需要。前者可能主要是数量型的满足，比如希望做某几件事，后者主要是质量型的满足。

数量和质量的满足是不能分开的。现在服务质量方面的很多标准都有了，可以先去了解。当然，最后要把两个顶层设计合并成一个，不要搞成"两张皮"，要达到完全融合的水平。两个顶层设计往往会出现互相促进的作用：在标准化设计的时候，会发现有更好的办法来满足需求，所以可以据此优化修改业务方案；反过来在业务方案设计的时候，对标准化设计提出新的要求。这样可以互相促进，最终变成一个最优的组合方案。同时，一定要注意把握两者之间的促进关系，不要把两者截然分开来；一开始可以分开研究，但后来一定要结合起来，还要互相补充调整，形成一个建设的整体方案，实现最佳优化。只有这样，智慧城市建设中无论是标准化还是业务设计，都能达到比较好的水平。

智慧医疗发展的环节也要进行整合，现在涉及个人的健康档案，再到社区卫生服务室、街道卫生服务中心、医院，还涉及医疗报销系统等。所有的环节要有业务方案去整合；同时，制定好标准建设方案，要想一想现在不是在一张白纸上做的，有些标准已经做了，比如公费医疗报销、新农合医疗报销，要吸收各家优点，搞好标准的优化整合；再次，是把业务方案与标准建设方案整合成一个整体建设方案，使之全面对接优化，这样才能实现标准建设和业务方案最优化。

（二）对业务"流程"要树立标准化全过程全流程覆盖的理念

对业务流程的全过程覆盖，要把标准化建设落实到各个环节，包括窗口、视频、图表、指令、密钥，还包括感知系统选型的各个环节、后台服务建设的各个方面，以及智慧处理过程的每个口令。

有的时候标准化就是一个符号。比如，现在的停车场就是一个"P"的符号，修车用的是扳手的符号，拐弯则是箭头的符号，很简洁。将来智慧城市的某项业务也会有标准化的符号，不需要写上一大堆，这种简化的过程也是标准化的过程，不能自己随意编造，否则其他人看不懂，搞错了会出问题的。因此，要强调，不能是针对大部分过程、多数体系进行标准化建设，必须所有过程、所有环节、所有体系全覆盖，这样才能真正实现"一卡通、一键通、一网通、一号通"，将来还有"一令通"，即一个指令下去所有功能全部贯彻到底。所有标准和业务建设完成之后，还要反复检查是否做到了全覆盖，水平够不够高。

（三）标准建设的内容要树立"统一规范装备技术标准、业务流程标准、政府监管标准"的理念，抢占标准化建设的制高点

建设标准化的内容要同时注意统筹上述三个方面的标准化建设。只注意一个方面的标准，结果必定是低水平的；只注意两方面标准，结果是十分遗憾的；只有把三方面标准要求兼顾到且统筹好，结果才能是最好的，才能是"强者先得"，甚至是"胜者全得"。

以智慧医疗为例，将来要判断医患纠纷，将是谁的责任谁负责。如果我们的标准建设与依法追究责任、维护各方权益、追究过失不配套，那么智慧医疗建设项目就有问题。这里关键是"三合一"，不要变成"二合一"；如果只注意一个标准，那是"翘脚"的，就像四条腿的桌子变成了三条腿的，不好用。"三只脚"在公司内部是可以勉强运作的，但这样的智慧安居建设水平，公安部一定不会在全国推广；只有三个标准都统一起来，才能使业务模式得到各方面认可，并在全国推广。

（四）标准建设的"水平"，要树立通过标准化建设来"创品牌、保质量"的意识，要强化 ISO9000 系列标准在确保服务质量中的保障作用

不仅是制定方案标准，还有在标准建设过程中，都要自觉按照 ISO9000 系列的标准，对每个环节进行检查和管理。质量水平要有保证，必须通过标准质量管理的体系来实现。尤其是关键环节，如果不达标，下一个环节就应拒绝往下延伸，这样才可以达到创质量品牌的标准。

（五）在"市场"开发上，要树立"高水平检验提升"与"高水平文件格式的形式规范"相结合的理念，切实把这两方面的工作结合起来做好

首先，要重视标准化的实践检验，并进行升级完善，力求完满。其判定标准化建设的标准是看服务对象的方便与否且是否满意，同时也要看能否得到业界的欢迎和好评。同时，既要发现哪个环节不对就在哪个环节修改，还要与整体标准化相衔接。就是说，既要改项目，又要同时改文件格式。累积以后，可以成为完整的格式化的升级版，才可以申报省部和国家标准。那种只注意改实际，不重视改格式化文件的做法要不得。高水平的文件格式要随时进行积累性的研究完善。

其次，在上述基础上，要把标准化成果进行"文件格式化系统化的规范"，为顺利进行"企业标准、地方标准、行业标准、国家标准"的确立创造条件。容易出问题的是在标准完善过程中忽视这项工作，从而错失标准申报的机遇。不要忽略这个问题，不要只注重实际运作，不注重争取标准化的制高点。申报、推广、占领市场的制高点，都要通过格式化的文件表达来实现。上级与外地的大多数人不会到你这里来亲自进行全程体验，再来评价你的水平高低，但会通过你的格式化文件的标准来评判你的水平。通过服务对象，从服务内容来体验水平高低很重要，但是服务对象经常难以全面评价水平。

因此，标准化工作，既要得到社会各方面的认可，同时自身的格式化的工作一定要跟上；还要注意的是，积累到一定程度的时候，升级版也要及时申报，之后再升级再申报，这样就可以始终站在市场的制高点上，始终站在标准建设的最前沿，始终可以"胜者全得"，否则容易功亏一篑。还有一种情况，可能我们的业务标准化比别人快，但结果被别人"偷"走了，他们去先申报了标准，这种事情经常出现，要注意防范。

其实很多国际标准都是从企业上升到地方、行业、国家标准，最后变成了国际标准。一旦成为国际标准，就在经营中占得国际化的最佳位置，所以我们一定要注意标准化的形式规范、申报的抢先、抓住机遇的问题，要有竞争意识、战略意识。

（六）实施标准化的"战略"，要树立"标准等级提升"与"标准化宣传推广"结合的理念

标准化建设的战略，要树立"标准等级提升"与"标准化宣传推广"的理念；要不断扩大示范试点的标准效益、企业效益、示范效益和社会效益；要注意适时申报地方标准、行业标准、国家标准；同时还要注意在申报成功后加强宣传推广工作，包括争取召开现场会等工作，抓住各种机遇，尽可能扩大实际成效。

我们要在升级版的申报和批准之前就提前做好准备。当全国开现场会时，如果人家没准备，我们有准备，就可以去开发新的市场。如果这个环节做的不好，可能之前花了很多心血，付出了很多，最终得到的却不多。

四、智慧城市标准化建设的方法

智慧城市标准建设，要重视方法的研究和运用，主要的方法有以下几种：

（一）组合创制（将已有的标准组合完善）

一是要明确，智慧城市标准建设要坚持"为我所选、所用"的原则。 就是说，智慧城市标准建设不是白手起家的，现有的国际标准、国家标准、行业标准、地方标准、企业标准是可以为我所用的；甚至大家约定俗成、消费者普遍认可和使用，但没有创制成规范公布的标准，也可以选用。有些标准是"相关标准"，指的是虽不是你适用的直接标准，但与你的业务相关性大，你也可以拿来改造后使用；有些标准是"相邻标准"，指的是虽然其标准规范的领域不相同，但其原理、作用目的相似，也可以借鉴使用。因此，对已有的标准，能用要尽量选用，这是标准建设的可行的途径和方法。

2010 年，宁波市进行的现代物流的标准建设，就采用了这一办法，得到了业内的认可，现在已申报国家标准。不管如何选择，一定要坚持"为我所用、为我可用"，解决我们的问题，不能"削足适履"，而要"适足选履"。

二是要贯彻从高从宽从新选用原则。 就是在选用已有的标准时，首先应该选用规范程度高的标准，即推荐性标准与强制性标准都适合使用时，要首先选择强制性的标准；地方标准与行业标准同样适用时，要优先选择行业标准；国家标准与国际标准同样适用时，一般要先选国际标准。当然，对于涉及国家安全与秘密的业务，应选用国家标准。

三是组合创制的原则。选上了一批标准以后怎么为我所用？不能简单地套用，要组合创制后使用。标准是一个体系，有的标准之间本身配合程度好，有的标准之间组合有问题，要想办法组合好，把有用的部分拿过来。对有矛盾的、有摩擦的，甚至有对立的、"顶牛"的标准要进行调整，这就是组合创制。我们组合创制的不只是一个标准，而是一个标准体系，要能够配合好使用好才行。要特别注意的是，组合创制后的标准体系要非常完整并顺畅，相互之间没有矛盾，而且对服务对象来说要便利，不要搞得很复杂。

不要小看标准的组合创制，组合创制得好，同样可以体现一种水平。组合创新、组合创制，是一个重要的创新方法。要像高明的厨师一样，同样的选料，通过不同的巧妙组合和制作，可以做出与别人不同的色、香、味具佳的菜肴来。

在企业生产领域，组合创新的魅力更加奇妙，一组相同的专利或技术成果之间采取不同的结构组合，就会生产出完全不同的产品来。比如同样一批专利，通过不同的组合，其结果有的产品是汽车，有的产品则是船舶。

在清华大学百年校庆的时候，胡锦涛同志第一次讲到了"协同创新"，对此要很好地理解贯彻。每个产品都是专利的集群，不同的集群产生不同的产品。不要什么都自己研究，只要关键部件系统控制是你自己的，是最好的，就行了。有些工艺自己解决不了，可以购买一个工艺专利权，或者请人帮助研究，不一定得事事自己做。"两弹一星"就是大协同创新的成果，有的人研究材料，有的人研究自动化控制，有的人研究装备制造。这也是企业可以把某些技术开发课题委托给其他科研机构进行研发，而不用担心失密或影响企业利益的原因，这就是"协同创新"的原理。

（二）融合创制

　　融合创制为什么和组合创制不一样？融合创制是更加有深度的一体化融合，关系应该更加顺畅。组合创制的情况是可能几个标准都已经有，无非是重新组合放好使用位置，放得合适合理就可。融合创制是有相当一部分标准要改动，以至于改变以后别人已经看不出原来的来源，实际上已不完全是原来的面貌了。组合是融合的前道工序，融合是组合的升级版与深化。信息化与工业化"两化融合"，现在也叫"深度融合"，这个道理有些相似。要使业务体系、不同标准之间高度一致，就像人出生后其肌肉、神经、呼吸、所有的行为都是高度融合一体的一样。如果说组合创制是物理组合，那么融合创制就是化学合成。

在所有的可用标准中，完全适合、可全部搬用的标准也会有，但不可能全部有。因此，已有的标准真正为我所用时，可能会出现多种多样的情况，有的只是部分适用，有的则要修订完善后才能适用，因此要区别情况，进行改造、调整、完善，使之与智慧城市相应业务需要的标准体系相融合。这种改造、调整、完善以实现与整个应用标准体系相融合的方法，就是融合创制。这就像高明的木工，拿到的打家具的材料不可能都合适，过长的要锯短一点，过粗的要削掉一些，过弯的要刨掉一点，然后，才能进行"融合组装"，使其成为精美实用的家具。

（三）延伸创制

延伸创制其实是对不够的标准进行创制，把体系中缺少的部分补上去。用什么办法补？比如40%的标准没有，办法是把已有的60%延伸出来，把40%的标准补上，形成一体。

应该说明，智慧城市的业务的标准建设，所需的不只是一两个标准，而是建设一套适合自己业务的标准体系。就是说，当所有的标准经广泛选用，并经组合创制、融合创制后，仍然有部分短缺，不能构成一个完整的可满足业务需求的标准体系时，就需要自主创制标准来满足需求。但自主创制不等于白手起家、另搞一套，应该按照业务的标准需求，根据已选的适用的标准来延伸创制，具体可以表现为思路延伸、体例延伸、结构延伸、内容延伸等，把原来的标准作为一种可以成长的东西，慢慢地长出来。就像皮肤受伤了，外科医生进行皮肤移植，把腿上的皮肤移植到手上，然后慢慢成长起来，依托自身的部分来生长、来延伸、来完整。

当然还可以进行借鉴创制、参考创制，原理与延伸创制差不多，这里就不一一介绍了。确切地说，这样延伸创制，既可以省时省力，又可以使标准体系的各部分之间更加协调、顺畅，实现更好的融合。

另外，智慧城市的标准建设，还要注意组织方法，例如组成业务、技术、标准专家相结合的团队一起创制，先设计方案、再模拟使用、最后评估完善。

五、智慧城市标准化建设的知识产权保护

智慧城市也存在知识产权的问题。我们的智慧城市实践会不会大家都学？会不会最后我们的东西都成了人家的，我们"为他人作嫁衣"？这是很多人关心的问题，回答是有可能。但有应对的办法，这就是实施知识产权战略。重点要把握以下几个环节：

（一）标准的申报技巧

申报知识产权时，重点要报告的是你已经达到了什么标准，但不一定全部告诉达到这样标准的奥妙。比如食品药品，只反映含量达到多少，但不能全部表露你是用什么办法或技术达到这个含量的。因为申报的是标准，不是全部的制造方法或者服务方法。比如我是个厨师，我可以告诉你我做的某个菜非常好吃，但火候怎么掌握、添加多少盐和油等，不能全都告诉你，可以保证的是在国家允许的范围之内就行了。我可以做到保证品质，可以接受安全检查，在标准允许之内可以告诉你，但实现方法不能告诉你，商业秘密不能告诉你，核心技术不能告诉你。申请专利时往往会把最核心的技术秘密留在自己手里。

（二）标准的推广技巧

标准推广也有技巧：给人家看的是结果，重视的是结果宣传，不要把方法奥妙全盘托出，不要把商业秘密全都介绍了。重点表达我能达到什么样的效果，社会上有什么样的评价，服务对象有什么赞赏，这些都可以介绍。

（三）标准与专利、版权、商标组合保护的技巧

产品与服务的质量可以宣传，但专利、商标、版权的组合技巧与奥妙不能告诉你。知识产权的使用权可以卖给你，但在合同里要明确规定使用的边界与违规处理办法，必须要得到版权的保护、商标的保护。有人说申报专利以后等于把自己"卖掉"了，这是不懂知识产权保护常识的傻话。

申报专利时，要申报技术成果，但只要满足专利审查的要求就够了，并不一定要把所有的技术秘密尤其是最核心的技术秘密都报告。知识产权战略是包括知识产权的生产、申报、管理、收益、使用等环节的整体策略，同时还包括专利申报保护、标准保护、版权保护、商标保护的联合保护技巧共同运用的战略。比如有的企业申报了发明专利，同时又把发明专利转变成了产品或服务标准，还有的甚至同版权、商标相挂钩，形成了知识产权的综合保护体系，达到了多种保护的目的。"运用之妙，在乎一心"。正所谓：戏法人人会变，但其奥妙不同。你的奥妙我不会打探，我的奥妙你也不要心怀不轨。

第七章　智慧城市建设的管理与制度创新

一、管理与制度创新要从解决问题做起

智慧城市建设意义重大、机遇难得，但难题较多，其中最需要通过管理和制度突破的难题，除了后台架构之外，还有以下几个：

（一）数据库怎么建

这个问题和数据库怎么用、怎么管的模式联系在一起。为什么对数据库建设大家有顾虑？有人说共建了就没办法保密。如果管理不好，秘密泄露了怎么办？这是他们最大的顾虑，这实际上也是管理的问题，保密问题完全可以通过制度来解决，但为什么这个制度问题没解决？因为没有系统进行研究。制度不解决，共建共享就很难实现。

（二）个人、企业和中介组织的合法权益如何保护

一般来讲，如果不考虑政府，主要有三大类对象：居民个人、企业和社会组织。企业在社会学中也是作为组织来分类的。企业不仅存在于市场经济中，还存在于社会中。虽然现在企业的社会管理职责比起计划经济时代要少了，但还是要承担一定社会

责任。比如企业还要承担对企业内部和外部的社会责任，既然承担一定的责任，就有一定的义务。社会学中的组织社会学就把企业作为"组织"的对象来研究。

在社会组织中，家庭是最基本最常见的一种形式。社会组织，还包括政党组织和各类中介组织。我们平时讲的中介组织是有误区的，严格来讲，中介组织分为：（1）市场中介组织，经济部门比较突出。例如证券公司、审计、会计事务所，主要做经济评价，承担与交易双方沟通服务、与市场相联系的职能。（2）社会中介组织，它主要承担社会职能，例如劳动中介组织、慈善组织、志愿者服务组织。（3）技术中介组织，它的主要职能是在技术贸易双方间架起桥梁。现在很多人在概念表述的时候，没有很深入地理解中介组织的特性和分类，以至于把很多东西搅到一起，不够清晰。

在智慧城市建设中，个人、企业和社会组织的合法权益如何保护？网络越发展，越没有秘密，所以要加强对个人、企业、社会组织、各类中介组织权益的保护。

（三）智慧城市研究还包括智慧贸易、智慧物流以及许多的贸易与社会交换

如果没有信用保障制度，人们的行为将没有约束底线。比如现在有些人在网上乱发信息，随意以虚假信息骗人，有的甚至造

成了很大损害。比如在四川地震之后的一段时间里，有谣言说青川的橘子有毒，还有谣言说某地产的香蕉有毒，造成了农民的很大损失。另外，如果网络交易的时候把以次充好的东西卖给顾客，或者买了以后不付钱，或者在物流过程中调包了，这些都是社会信用失范的表现。如果对网络交易中的失范、不讲诚信的行为不加以治理，不仅会对智慧城市建设带来很大损害，长期下去还会对道德建设、文化建设带来损害。这也是智慧城市建设管理和制度创新要解决的问题。所以我一直主张网络建设一定要实名制，而且一定要有实质性的规范管理。

（四）网络安全问题

软件研发不能带瑕疵，软件开发商要承担责任，建立可追究责任的制度。软件在运行时不能随便修改，如果大家都去随便改，就会带来运营安全的大问题。

总之，对智慧城市的制度建设，我认为应该抓住这些主要问题来研究制度和管理创新，要通过管理创新把智慧城市建设的这些问题解决好。如果不注意去研究解决实际问题，制度建设与管理工作终究会迷失方向。

党的十七大强调，要把经济增长转到"主要依靠科技进步、劳动者素质提高、管理创新上来"。这里的"科技进步"和"劳动者素质提高"容易理解，容易忽略的是"管理创新"。

什么是"管理创新"？这里的"管理创新"讲的是个大概念，包括与商业（商务）模式创新相结合的管理模式创新和制度创新。管理创新包括以下内容：（1）商业商务模式创新。（2）管理模式创新。包括一些行政上的管理模式，它不一定是只指商务性的，包括行政监管、综合监管、综合执法、联合监管、联合执法等都属于管理创新。（3）经营方式创新，这与商务模式有联系。但有些商务模式没有大的改变，经营方式的管理也可以有所调整变化。（4）管理制度创新。

讲清楚管理创新是个难题，因为涉及对象、范围、方式、内容、架构和制度等很多方面，而且随着经济社会的发展而不断发生着变化，这里主要谈与智慧城市建设有关的部分。同时，还要说明一点，今天讲的管理制度的内容，是指广泛概念的管理制度，包括规范性文件、标准、操作规程、政策举措，还包括合同等。可以理解为所有具有约束性的措施都包括在内。

二、值得借鉴的管理与制度创新的相关案例

这里讨论的都是和智慧城市建设相关的案例。比如数据库要共建

共享，细分起来有多种类型，要逐一分析、各个突破。有的是在两个平行的部门之间进行的，针对这个类型，制度怎么来设定？还有的是上下关系，内外关系，应该逐个突破，然后实现整体突破。所以在这些例子中，要特别注意平行关系的例子以及上下关系的例子。

管理还与商业（务）模式有关系。这里主要举五个例子，从三个方面结合来选题：（1）针对并行主体共建共享、并行主体共享共管、与商务模式相适应的管理举措、与信用制度要求相适应的举措。（2）针对不同类型管理特点。（3）针对管理制度要能解决问题的要求。

（一）案例1：改变发电、送变电、用电者关系的商业与管理模式创新

这个案例主要和"与商务模式相适应的管理举措设计"有关。我们讲的商业模式创新，并不是过去没有，现在突然冒出来的。与网络比较相似的就是电力与电网的发展模式，它有三大基本关系：用户、电网、发电厂的关系。我在前面讲网络安全时，谈到与网络发展相类似的两类产品，我们要用其有利的一面，防止其破坏性的一面，这就是水和电。很多人"谈网色变"，为什么？因为不安全。但现在没有人会"谈电色变"，为什么？因为电的商业模式和管理制度、管理举措解决得比较成熟。电力发展中形成的商业模式与管理制度，对我们是最有借鉴作用的。

现在，电已经无所不在。没有一个人、家庭、组织、单位包括政府能够离开电。它的好处和带来的问题是并生的。电网和信息网络在正负方面的鲜明特点都一样。我一直用"上善若水"来启发大家"上善若网"的智慧。我在中国宁波网和网民对话的时候就带去一个条幅："上善若网"。我鼓励大家对网络有正确的认识。我认为，谈网色变是平庸的人；见网就爱的是年轻人，他们只看到好的方面却没有看到问题，有的痴迷到变成了网虫，影响到身体健康和学业；上网逞能的是"名人"；善于利用网络的是能人；驾驭网络达到得心应手境界的人是强人，是最厉害的人。

用电安全的保障方法值得我们借鉴，比如技术保障、屏蔽装备保障、操作规程保障和法律制度保障，实际上电网还能给我们带来更多的启示。在最初期，有人发明了电但无法规模化生产，所以在自己一家工厂里自己发电作为自己用的动力，电线直接拉到生产线、机器装备上去。

这个时期电网的特点是：电并没有成为商品，没有商业化，就像小农经济，自己种菜种粮食自己吃，生产的目的不是为了交换，而是为了自给自足。这时的发电、送（变）电、用电三者是"三位一体"的，实际上"电厂"上的是单个企业网、家庭网，自己发电自己用，自己的安全自己保。

这种模式的问题，第一是"电厂"投资大。投资大小是与利用效率相比较的。如果是在同样效率的前提下进行比较，你花的钱多，说明你的投资过大了。第二是闲置多。比如企业最高峰的用电需求是 10 千瓦，建设就必须达到这个标准，但实际上平时用电需求可能 1~2 千瓦就够，这就产生了发电的产能闲置。第三是什么都要自己管，安全要自己保障和操心。比如发电机会不会坏，刮风电线会不会断，都得自己操心。这是典型的小农经济特征。

随着用电需求扩大和整流、变压、变频等输变电技术进步，出现了把电作为商品的现代商业模式。这时发电与电网的关系就变了。实际上电网公司是个中介，它到发电厂购买电，批发买进来然后零售卖出去。在这个时候，发电、送电、用电三者分开了，成为了专业经营者。但它又有一个与其他商品买卖不一样的特点，因为电很难储存，一般要即发即购即用，这就形成了互相捆绑的运营模式。所以发电、送电、用电三者尽管在形式上和核算上是分开的，各自自负盈亏，但在供应链与价值链上是互相依赖、利益捆绑的。

电厂、电网、用电户"三者分开"是个进步，建立了现代化大生产与现代市场的关系，其特点是建立了商业购买使用关系，"不求所有，但求所用"。"所用"是一般社会意义上讲的；作为政府部门就是"所为"，即"不求所有，但求所为"，其中"为"特指作为。平常我们对政府部门和官员的评价考核有一个基本的标准界线，就是作为与不作为。该作为的不作为是失职，不该作为的乱作为是渎职。电网中的发电、送电、用电之间是这样的分工协作关系，政府部门与官员之间也是这样的分工协作关系。

表7—1　两种发、送(变)、用电模式的比较

类别	发、送、用电关系	经济效益与管理	时代阶段	利益与秩序的保障
传统的非商品使用的模式	自办发电厂,自建送电网,自己用自己发的电,自己管发、送电各环节及安全	投资大,闲置多,很费心,不经济	典型的小农、小生产意识与特征:万事不求人,自己靠自己,"鸡犬相闻,老死不相往来"	一切过程自己操心,一切后果自己负责
把电作为商品的现代商业模式	特征一:电的发、输、供、用之间是买卖关系 特征二:发、送(变)、用电三者分开但又捆绑在一起互相依赖 特征三:不求所有,但求所用;互相依赖,重在关联合作	规模开发、专业运营,经济合理,省钱省心,关系放心,合作共赢	现代化大生产的阶段特点: 一是最小的投资,最方便的使用,最经济实用,最低风险的使用,最省心的使用 二是与现代产业需求、现代商业理念、现代社会关系、现代市场发展相适应的模式	(1)现代商业文明、文化理念 (2)既独立核算又利益互相捆绑的合作关系 (3)建立发送(变)、用之间的契约化的时点合作制度 (4)与用电需求规模相适应的发、送(变)电发展共建共赢规划与计划协调制度 (5)保障各方合法权益的相互电量交易及支付制度、信用制度 (6)保障合法交易、权益、秩序与安全的管理制度和体系

　　发电、送电、用电的现代商业模式所体现的利益与秩序的保障特点有：现代商业文明的理念，就是"不求所有，但求所用"，这才是最经济的、最文明、最方便、最可靠的；为独立核算又利益捆绑的关系，共建共享、共建共赢；契约化的时点合作制度，比如哪个时间用电最多，发电供电也要多，因为需要以销定产，以销定购。作为发电公司来讲，要以销定产；对电网公司来讲是以销定购；消费者用电也有制度，以用电量付费，不能把发出来但消费者没用的电的电量算到他们头上。这种与用电需求规模相适应的计划采购制度是用合同契约的形式实现的。即使三者独立分开，相互之间仍存在计划衔接和契约制度的保障。

　　在电力的利益与秩序保障中，还有保障各方合法权益的相互电量交易及支付制度、信用制度。过去一些比较困难的国有企业付不起电费，被强制停电。停电是合理的，因为用电必须付费，这是游戏规则。至于由政府付电费补贴穷人的救济制度，可以不做停电的简单处理，但不付电费不能用电的总原则仍要遵守，只不过由政府来支付电费罢了。同样，正确维护三者之间关系的制度设计，如各自的权益保障、电厂发电秩序、电网运行秩序、与用户之间的交易秩序、电厂安全、电网安全、用户用电安全，都要依靠制度来管理。

　　上述案例对智慧城市的商务模式创新的启示有：

　　一是产品与服务是可以商业化、规模化的，商业化更省心、

更高效、更合理。现代商业（务）模式是建立在产品与服务商业化基础之上的专业化、规模化，现在信息产业商业化的问题就在于规模化不够。比如智能太阳能电站，能不能覆盖5万、10万个家庭，达到一定的规模效益，这很重要。又比如电动车，杭州市现在有1 500多辆在试点，但还不经济，工厂批量生产上不来，因为还没有达到现代商业模式规模化的要求。

二是专业化运营。智慧城市的网络服务也要借鉴这条。比如智慧医疗，医院就是内容提供商，建设后台的是网络服务商，要注意他们之间的专业业务的区别。看病只能由专业人士和机构去做，网络服务商不能代为看病。网络公司搞智慧医疗，是为医生、病人、医药保障支付提供服务的，如果所有人都找它看病，它变成医生，这就不是专业化服务了。网络服务商提供的是信息服务的平台和系统，而不是去包揽一切。

三是要经济合理。就是要用最低的成本达到最佳的效益，还有省钱省心、关系放心、合作共赢。管理制度不是说搞得越复杂越好。

总而言之，这个案例对于智慧城市的启示有很多，上述只讲了对商务模式创新的启发，其实还有对管理创新等多方面的启示，是全面的、综合的：

一是智慧城市的商业模式与管理创新应该借鉴电力发展的经验。法律上有成文法和案例法两大体系。电力发展的商业模式和管理制度就是智慧城市业务项目的案例法。如在智慧城市建设试点中，研究安全保障的时候，可以去专门调查电力系统的操作规程和管理规定、保障权益、保障秩序、保障安全的一系列规定。如果把它研究透了，我们在制定智慧城市建设示范项目管理制度时，就可以举一反三，找到便利的途径。

二是商业模式与管理制度之间是"两位一体"的关系。有什么样的商业模式，就有什么样的管理制度相适应；有什么样的管理制度，就反映了什么样的商业模式。就像人的思想和行为之间的关系，有什么样的思想就会有什么样的行为，有什么样的行为必然反映了相应的思想。

三是管理创新的目的是保障各方的权益、秩序和安全。重点在于建立防范性的制度举措。当然有"事后诸葛亮"，但更重要的是事前防范。政府在建设预防腐败的防范体系时，有些事情是可以预计和预防的。防范体系措施到位之后，不能保证不出问题，但可以保证少出问题或不出大问题，即使出了问题也容易解决。我们要尽量防止出问题，同时尽量少出问题，少出大问题，出了问题可以迅速解决，不要形成连锁反应，"按下葫芦浮起瓢"。有了这样的防范体系，就像百年一遇的海防大堤，局部出问题时也不会全部垮掉。

（二）案例2：产权与证券交易所的保密与信用保障制度

这是对我们最有借鉴意义的一个案例。这里不讨论产权、证券交易所内部的架构和制度，只讨论对我们有借鉴意义的方面，特别值得借鉴的是保密与信用保障制度。

1. 产权与证券交易的保密制度非常值得智慧城市建设借鉴

具体内容包括：

一是管人、管住参与内部活动的人的制度。产权与证券交易最容易发生的问题是泄露商业秘密和交易秘密。搞欺诈交易的往往是内部的人，他们内外勾结。因此，要保密就要管住人，尤其是要管住参与内部活动的人。可分几个层次实行全覆盖：交易代表—会员制，使得不是什么人都可以炒；保证金制度，实际上也是管人的制度，不让买不起的人也进去乱炒；对交易所内部工作管理人员要有非常严格的规定，不能泄露交易的秘密、客户的秘密与参与交易活动，违者要追究法律责任；对交易活动的监管人员也有保密规定，执法犯法罪加一等。

二是隔离制度。网络有物理隔离，这里侧重的是不同交易环节之间的人员隔离制度，包括内部与外部的信息隔离管制制度，内部人员不同环节、不同岗位、不同级别岗位的不同授权等隔离制度。因为如果不隔离并禁止交易所的人炒股，让交易所的人内部炒股票，那谁也炒不过他们。利益相关人员、太直接的人员都不准去炒，要有一套严密的隔离制度。这对保护秘密、建立信用保障制度很有启示借鉴作用。

三是自律制度。 投资商、创业商与证券商、中介商等之间的行业自律与他律制度，包括禁止证券商、中介商同时又作投资商的切断利益关联交易链条的执业隔离制度。

四是他律的制度。 包括法律、纪律。

五是追究制度。 有问题了全部要追究，毫无例外地追究。这样就形成了完整的保障体系，保障信用、权益和秩序。

2. 产权、证券交易的信用保障制度最值得借鉴

我们平时讲的"信用"，是指道德问题。信用与信用制度概念不同，区别在于信用制度有约束力，是使守信用的人能保障其合法权益，不守信用的人能得到惩戒处理的制度。智慧城市建设，要特别注重信用制度建设。如果阿里巴巴电子商务没有信用制度，就会给骗子提供机会，就没办法健康发展。没有信用制度保障网络环境，就无法建设智慧城市。

产权与证券交易所的信用保障制度是由信用制度体系构成的，包括会员制、保证金制、违规警告、停业整顿制、违信追究制等。这样，通过制度的约束力，启动自律与他律、自我纠错与外力帮助纠错、经济制裁、信用等级制裁、淘汰制裁、行业禁止准入制裁来保障信用。

产权与证券交易所的信用保障制度带给我们的启示有：

一是制度建设的目的是为了保障信用。不是为了建设而建设，是为了解决问题而建设。

二是制度建设是为了满足多数人的要求。市场与交易信用要靠大家，靠多数人制定规则、遵守规则并共同对付少数违反规则的人，因为多数人有共同的利益追求。任何法律如果不建立在大家认可的基础上，是执行不下去的。我们要既讲法制，又讲群众基础，把二者高度一致起来。

我们要注意到，这个智慧建设的制度一定要反映大家的利益，得到大家的认可、支持和参与。我在义乌工作时提出过口号：欺诈行为把市场品牌搞坏，结果是砸了大家的饭碗，所以"谁要砸大家的饭碗，我们大家联合起来先砸掉他的饭碗"，当然要依法依规去砸饭碗。因此有了很好的思想基础，谁在砸大家饭碗的时候大家都来举报。民事法律规则是民不举官不究，没人要求立案就没办法去追究。商业法律属于民事法律范畴，因此要大家来监督，只有这样，信用制度建设才有广泛的群众基础。

三是信用保障不能靠一项制度和临时措施，要靠一个制度体系来保证。

（三）案例3：杭州湾大桥的"两市行政安全共同监管模式"

本案例主要借鉴的是平等主体之间的共管模式。

　　智慧城市建设还涉及几个难点，例如部门、单位之间的共建共享，如果两个主体都是平行的，这个时候也会很难。解决这个问题的办法，需要用到平等主体之间的共管共享的模式。我举个杭州湾大桥管理的例子。

　　杭州湾大桥的管理涉及两个主体：宁波市和嘉兴市，他们之间没有互相隶属关系，都是平等的。不能说计划单列市、副省级城市比地级市等级高，就可以跨界去管嘉兴的事，那是违法的。

　　宁波和嘉兴都不能侵犯对方的管辖权。大桥的建设体制除外，因为建设可以跨地区投资，这里只讲大桥的管理，建成后怎么管。这就带来一个很大的问题：严格意义上讲，航道中心线南边属于宁波管，北边属于嘉兴管，越界管辖是违法的。但是一座桥怎么能以航道中心线为界，这边我管，那边你管？比如大雾发生撞车追尾，有的车可能要从嘉兴疏散，有的车可能要从宁波疏散；出现消防事故，比如危险化学品出现泄漏，要抓紧把车拉走，否则都流落到钱塘江里去了；比如大桥的桥墩被船撞，桥体安全如何维护？这一系列的要求如何通过有效管理去满足？现在国内没有成熟方案能够做到既尊重两边的主权（行政管辖权）又联合监管。好多地方都是放任自流，因为到现在都没有出现太大的事故，所以都没当回事。但是管理的问题必须要有事先防范的制度设计，一定要有管理模式、管理体制、管理组织，一定要预防在先。

当时省里有关部门提出让省里来管，但吕祖善省长坚决不同意。让省里管从行政管辖权方面说是没问题的，毕竟两地都属于省里的范围，但是这不符合就近、就便、高效管理的原则，以及应急处理及时、有效、最大程度降低损失的原则。万一出事故，从杭州赶到现场的时候，次生灾害和连锁反应很可能已经非常严重。所以一定要就近就便管理，把损失降到最低水平。

另外，杭州湾大桥有个中心平台，为什么要建这个平台？主要为了防范事故。大桥全长 36 公里，通过这个平台就分成了两段各 18 公里。这个设计增加了投资，但不是无目的的。这个平台的基本功能是为老百姓服务，一是可以方便加油休息；二是可以做好事故应急，有利于安全事故防范与处理。但这个地方归谁管？它刚好在中心点。两个市有个权限不一样，宁波有立法权，市长令就是地方政府规章，而嘉兴没有这个权限。经过协商并经省政府同意，我们在全国创新了"两市共同监管"的模式，一是我和嘉兴的李卫宁市长共同签署了市长令，为两市共同监管提供了依据，其管理制度建设的特点是"建立共同管理制度"；二是编制了应急方案，成立了联合的又分工明确的应急指挥部，应急指挥由"联合应急方案"管理规范；三是以宁波为主联合嘉兴组建了大桥管理局，明确了日常桥上桥下安全监管的职责、依法处理的程序和应急时承担的职能。其值得借鉴的是：日常管理由一方为主的联合大桥管理局进行，应急时转为联合应急指挥部办公室并由其负责日常与应急的衔接，应急时由两个市的领导组成联合指挥部按预案共同指挥。这个管理模式受到了各方面的欢迎和肯定。这个模式后来又成为宁波到舟山的"金塘大桥"两市联合安全监管的参考范式。

这个案例说明什么？跨行政区域的项目，难点不在于投资建设与所有，而难在共同的依法行政、共同的运营安全监管保障。我们要切实纠正并跳出重投资建设轻运营管理保障的误区。不是说跨行政区域管理的问题就没办法解决。其他地方没有解决，不等于我们也没有办法解决，大部分问题可以通过组建联合管理机构、制定联合管理规则、管理方法的创新，把两个主体联合起来共管共享。

现在必须打破一个落后的概念——"双平行"主体似乎不能自己协商或创新来解决需要共同管理的问题。有些政府部门之间有事自己不去商量，一有事情就等上级来协调，这是不对的。杭州湾跨海大桥管理的事情都是我们两市为主自己商量的，是共同协商、自我创新模式和创新管理制度的结果。

（四）案例4：宁波博物馆的"上下级合资、统筹建设、联合运营的管理模式"

对在一个市里每个县市区都要建博物馆的主张，我是持反对意见的。博物馆的主题词首先是"物",很多县市区保护的文物一共也没有几件,但要造个大房子,一帮人天天守着,搞得不好就是一种浪费。这与专业的博物馆不一样,比如茶叶、丝绸博物馆,很多是民间建的。但对于政府建的公共博物馆,我反对每个县市区都建。

当时鄞州区提出要建博物馆,我就讲了这个观点。最后确定由宁波市和鄞州区联建,变成宁波(鄞州)博物馆,市里投资70%,鄞州区投资30%。这个项目的特点可以归纳为:(1)通过会议纪要的形式商定建设方案;(2)参照股份制模式合资建设与维护;(3)挂两块牌子;(4)以出资比例确定以上级政府为主管理;(5)每年双方的活动由年度计划来协调;(6)博物馆人员费用按比例负担,实行统一管理。这样做的好处是博物馆的规模建大了,结构空间与功能得到完善,利用率大大提高。博物馆建成投运后,现在平常每天有3 000人去活动,周末有5 000人左右去活动,市文化部门与区文化部门都相当满意。

智慧城市建设会出现类似的"上下结合"的管理问题。例如智慧安居在绍兴试点,县市区要上下结合。那么要如何运用"上下联合"的管理模式呢?应该既要发挥市里的主导作用,又要适当考虑县市区的合理要求。例如县里要求设立分公司、指挥平台,怎么办?他确实有临时的、应急处理的需要,比如县里发生命案、火灾等事故,需要指挥。如果不在那里设指挥架构,县里肯定不同意，出了事还跑你市里去指挥？这时候就要用这种"上下结合"的模式，总的框架不能变，在功能的合理性安排上要大做文章。

（五）案例5：宁波文化广场的建、营、用分开模式

本案例值得借鉴之处是针对市与区的各部门来讲的，主要是其共同使用与考核模式。

宁波文化广场在东部新城，是按照"文化城市综合体"的概念建设、管理、运营的，根据文化活动人流规律设计布置的商业化模式运作的大型文化广场，投资20多亿元，总建筑面积30多万平方米。

为什么要建这个广场？当时主要涉及五大部门：教育、文化、妇联、共青团、科协。比如，妇联要建妇女儿童公园，文化部门要建文化中心，共青团要建青少年活动中心，科协要建科技馆，还有老干部局要建老干部活动中心。我同意建，但是必须联建，"不求所有，但求所用"。大家要找出一套模式，来满足各个部门的需求。其管理运营模式上的架构设计，主要有以下几点：

一是由市级的教育、文化、科协、妇联、共青团等部门建立联席会议，共同研究如何使用。每年下达具体到地点、场次、日期、规模的统一服务采购年度计划，各单位自行组织活动，由

"文化广场公司"负责会务或活动的物业服务保障，公司要优先保证上述活动的进行。

二是文化广场公司负责提供物业服务、会务服务、活动保障服务，可以像五星级宾馆一样保证服务的质量与效率，让使用单位当老板，让文化广场公司去打工，让群众服务对象去享受公共服务。

三是由上述五个部门牵头，相对吸收公共服务对象的群众代表参加，成立服务绩效评审委员会，每年按评价标准进行综合评价。总分 60 分的按标准拨给 70% 的经费；70 分的拨给 80% 经费；90 分以上的拨给全部经费；95 分以上的，再给文化广场公司经营班子奖励 300 万元。

四是市财政每年安排给上述五个部门到文化广场的专项活动经费，每个部门各 1 000 万元，但规定只能在这里指定购买公共服务消费，因为出钱的目的是为了让老百姓得到相应数量与质量的公共文化服务。

另外，为了充分利用闲置时间和空间，允许文化广场公司给其他单位提供商业性服务，允许开展收费性的商业服务。

宁波文化广场通过上述办法形成了一整套的联合购买服务的商务模式，以切实保证服务质量，保证服务的及时有效，是一种让老百姓满意的运营模式。

三、智慧城市管理制度的建设与创新要注重结合实际

（一）有效性

管理制度的建设与创新，目的是为了有效地解决问题，不能为了创新而创新、为了建设而建设。例如前面讲的"信用制度"的实质是"信用保障制度"，是与违信追究制度相结合的，是具有刚性约束力的。需要提醒注意的是，不能把许多部门为建而建（不是为用而建）的信用体系建设、缺乏违信追究制度的、搞形式主义的那一套，引入智慧城市建设示范试点中来。

我想以城市公共基础地理信息数据库的共建共享模式创新与制度建设为例来说明这个问题。这是大家普遍关心、担心、为难的一大难题。为了后面方便，我得先讲一下大家必须形成的共同认可话语的前提。因云计算（云存储）的出现，地理信息数据库的建设出现了两个模型：公共服务型地理信息数据库模型、商用地理信息数据库模型；商用地理信息数据库又可以运用到两大类别：为企业专用云服务、为个人私用云服务；公共服务型地理信息数据库可以为政府政务云服务。同时，城市地理信息数据库的

建设也发生了革命性的变化，即按业务需求进行模块化建设，可形成组合并调整的扩展式发展架构。这就是我们讨论以后内容的基础。

因此，解决城市公共基础地理信息数据库建设的有效之道，大体上是"建设架构＋方法＋政策＋合同＋制度＋业务倒逼举措＋法规"等。

一是实现建设架构的途径，就是采用"模块化建设、组合扩展型的发展模式"。 以模块化建设作为推进基础，整个架构可以采用分步推进的"蚕食性"办法进行。这就避免了公共基础地理信息数据库建设"四面出击"、"全面紧张"状况的发生。

二是在城市空间规划建设的地理信息地图上，可采用多种办法来进行城市公共基础地理信息数据库的建设。

（1）合作法。即各部门如果形成共建共享的决策，则市财政资金政策上采取直接加大投入建设的措施，巩固并体现共建共享的成效，避免反复；主持建设、运营、管理的机构与各有关部门分别签订满足共享要求的、包括保密要求的协定（合同），实行契约性制度的管理；共同研究、联合发文或申报上级颁发规范性的管理制度的文件，保障共建共享的实现；申请有权单位制定地方性法规。

（2）重建替代法。我希望大家认清这样的现实，由于现在的网络发展、技术进步和社会现代化进程的加速，任何人、任何单位企图垄断信息资源几乎已经是不可能的！作为掌握公共资源最多、承担法定公共服务职权的城市政府，完全可以打破任何部门和单位的信息垄断！假定遇到这种情况，可用重建替代法，其要点：一方面，在城市地理信息地图上，开展"智慧城市专项业务＋模块化数据库建设"，逐步填上智慧城管、智慧安居、智慧交通、智慧医疗的模块化信息数据库……地理信息地图填满了，城市公共基础地理信息综合库也就建成了。一旦综合数据库全面建成，再建立一个城市公共基础地理信息库的联席会议制度或联管机构就可以了。另一方面，在政策举措上，要重点加大对智慧城市专项业务试点及模块化信息库建设的支持；而对不愿参加共建共享城市公共地理信息库的单位，只安排人员维持经费，不再安排更新建设经费，保持其运转，确保重建替代过程的服务不中断；并对替代式共建的模块信息库加强更新提供持续的经费支持、管理制度的建设保障、补充数据调查的工作支持。其实，为了公共服务的不中断，城市公共基础地理信息库的正常更新或升级也是必须采用替换的方式进行的，只不过一个叫"替换"，一个叫"替代"而已。

（3）业务倒逼法。结合办理人大政协建议提案等，对有关部门要达到公共服务的水平（如达到智慧城市专项业务水平）及时限提出要求，促进其转变，积极参与到城市基础地理信息库与智慧城市共建共享中来。

（二）简洁便利性

智慧城市管理制度的建设与创新是为了解决问题、满足应用进行的，必不可少的必须建，但并不意味着搞得越复杂越好。一切要按照便于服务对象使用、便于操作、便于记忆、便于管理、方便实用的原则进行，能用简洁符号标示的就不用文字，能用合同形式约束的就不用文件，能通俗正确表达的就不用专业技术术语，等等。

（三）全面系统性

全面性，即为了保障权利、秩序与网络安全，必须全面运用各种管理制度、管理方式和管理形式，包括法律法规、管理制度、操作规程、合同协定、政策文件、评价考核、激励约束政策等管理手段和措施。同时，全面性还要求管理到位，不留死角，不遗漏洞，没有例外，有法（这里指所有制度性举措，下同）可依，有法必依，执法必严，违法必究。

系统性，是指对合法权利、秩序、网络的安全保障无一环节例外，全流程贯通，管理到位，可查责到位，边界清楚、证据采信明确可靠，责任追究简便直接。

这里特别要注意的是，政企之间的责任制度建设要科学。由于在智慧安居、智慧城管、智慧医疗（健康）等专业业务项目中，网络专业业务服务商、专业业务公共服务提供商（如智慧医疗中的医院、智慧城管中的维修公司、智慧安居中的保安公司或物业公司）、负责日常运营指挥主管部门（或联合机构）与应急指挥中心、政府与司法监管单位等，都同在一个专业业务网络平台上"共舞"运作，因此，要特别注意这里面的政企之间的关系、企企之间的关系，或者企业和事业单位之间的关系，尤其是责任关系。例如在智慧安居系统里，政府有两套架构：日常和应急指挥；对运营的监管，包括对网络服务采购的数量质量履行情况、评价、付费以及有无违规行为，有无侵犯服务对象利益行为。专业化公司提供的是网络信息服务，不能替代指挥。哪些是指令发错，应由发指令的单位负责；哪些指令是网络传达出了错，应由专业化网络服务公司负责。这些问题在管理体制上要处理好。

再比如智慧医疗。医疗服务是医院负责的，一般情况下发生医疗事故，医院和医生要负责任；医院可以远程指挥手术，但万一出错了，属于医疗单位责任的，由医疗单位负责；属于网络服务的责任的，应由相关的网络服务商负责。网络服务公司要注意可能需要提供两套信息服务系统，万一有一套出故障，还可以用另一套，因为这是关乎人命的。再比如智慧城管，哪里煤气管道堵了，维护商是专业维修公司，应由他去排除故障，没有排除好不是网络服务商的问题。网络服务商、专业内容的服务商，一定要注意区别，不要混为一谈。

因此，所有管理制度的建设都应以"保障服务对象的合法权利、保障服务活动的有序进行、保障网络安全为中心"为目标，要全面系统地进行，逐项逐流程地梳理，实现上述全面性、系统性的要求。

（四）合法性、合理性

智慧城市管理制度的建设与创新，最根本的原则是合法性原则，指的是所有的管理制度、举措的设定必须合法，工作上要进行合法性审查。合法是前提，不合法的必须调整；合法才有权威，才有刚性约束力，不合法的制度没有任何意义。

合理性原则，是指所有的管理制度与举措，都要合乎法理、公理、情理、伦理及社会心理。管理制度与举措是否符合合理性要求，工作上要进行合理性评估。在合法的前提下，合理性原则是最能广泛调动被管理者和社会各界积极性的、最经济实用的原则。

贯彻合法性原则，还要注意管理制度建设的层次架构，有五条规则：（1）有法的从法，有标准的从标准；（2）有政府规范性文件的从规范性文件，包括操作规程；（3）没有直接可适用法律的，尽量配合有关措施适用相邻的法律；（4）没有直接可适用规范性文件的，尽量适用相邻的规范性文件；（5）以上都没有可适用的、工作又必需的，则由自己制定管理的制度规范。

另外，还要说明几个问题：

（1）这些制度设计由谁来负责？应该是"谁家的孩子谁来抱"，分块包干；但分配任务时切块要切好，应该进行明确分工。例如网络服务商的规则，自己要先制定好、管好。专业内容服务提供商，如医院、保安公司、维修公司，也要制定制度，对他们的管理制度要进行审查。政府的规则虽由政府部门去制定，但网络服务商和专业内容服务商可以提出而且是必须提出建设要求，以免出现漏洞。

（2）提出解决问题的建议与要求要有针对性，不要无的放矢；提出专门性建议的方式，尽量采用书面形式，目的是为了存查。

（3）任何制度都不能拿来就随便使用，要集成评估，并经过集体决定，还要通过软件集成开发。所有的制度都要与既有的规则、流程、行为相适应。

第八章　推进智慧城市建设示范试点的领导方法

　　智慧城市建设是一项长期的系统工程，离不开政府部门的统
筹规划、政策引导、协调推进和规范管理。加上目前开展的智慧
城市建设项目中属于政府类项目的较多，所以如何推进智慧城市
建设示范试点的实施工作，是各级相关领导干部的一项重要职
责。为此，要有智慧的头脑和智慧的领导方法，关键是要抓好以
下几个环节：

一、共同建设共同享有

　　在信息化日益融合的时代，智慧城市建设要摒弃以往狭隘的
部门利益观，以更兼容、平等、共赢的理念思考信息化共建共享
问题。智慧城市建设中的共建共享，实质上是一个对信息资源优
化配置的过程，是一个对参与各方利益重新调整的过程。共建共
享就是要求共同建设、共同享有，更好地行使政府职能，提升政
府的综合管理能力和综合服务能力。

（一）共同建设

　　"共同建设"指的是对涉及多部门、多系统的智慧城市建设
项目，要在网络基础设施、智能终端应用、业务应用平台、数据

信息资源等方面，实现统一规划、顶层设计，集约化建设，从而避免重复建设、资源浪费，更重要的是更好地满足人民群众对信息化的迫切需求以及创新社会管理和服务的要求。

"共同建设"的共同参与方有：

（1）智慧城市建设是信息化问题，更是涉及城市管理问题，这就需要信息化专家、城市管理专家共同参与。

（2）智慧城市是新一代信息技术的应用过程，也是地方产业培育过程，这就需要产业和应用主管部门，以及技术、产业界的社会力量共同协作和合力推进。

（3）智慧城市建设项目本身可能涉及多部门的资源共享和业务协同，部门间必须互相合作，形成合力。如智慧城管项目涉及建设、公安、环保、测绘等部门；智慧水务项目涉及水利、环保、建设、国土资源、测绘局等部门。

（4）智慧城市最终是服务于人民群众的，人民群众也是共同建设的主体，没有他们的参与，智慧城市建设就不可能取得真正的成功。

（二）共同享有

一是从参与方共享的角度。"共同享有"指的是对各方权益的充分尊重和切实保障，实现参与部门、建设运营、产业支撑等各方利益共赢，特别是人民群众要享受到智慧城市建设带来的好处。共建是基础，共享是目的。要把共同建设、共同享有贯穿于智慧城市建设的全过程。智慧城市试点建设过程中，网络基础设施、数据中心、业务信息应用系统都应共建共享，公司化运营是实现利益共享的有效方式。

二是从区域间共享的角度。"共同享有"指的是要优势互补，实现智慧城市建设示范试点成功经验和商业模式的共享。这就需要我们充分考虑地方信息化发展的水平、急需解决的城市化问题，以及地方经济社会优势特色，统筹规划，合理布局，选择各地具有比较优势的试点建设主题和切入点。通过试点建设，形成具有本地特色并可以复制推广的智慧城市建设模式。由此，不同地区城市通过优势互补和市场空间互换方式，保障一个业务模式可以在不同地区发展壮大，形成一定规模效益。地区之间如果一哄而上，各自全面开展项目建设，必定会造成无序竞争和重复投资。

三是从历史和技术发展进程的角度。"共同享有"指的是优化信息资源配置，减少重复建设，提高信息化应用水平。信息化建设的每一次进步，都是一次不断整合系统资源的过程，一次不断扩大共建共享范围的过程。然而，几乎每一次的进步，我们都付出了重复建设的巨大代价。例如，基本上一个应用就会有一个数据中心，或者一个单位一个数据中心。现在，我们所提倡的智慧化应用，更注重系统化设计、集约化建设和一体化应用的理念，更注重实现部门间和系统间的互联互通和业务协同，更注重信息资源的有效利用和深度开发，更注重信息化综合效能的充分发挥。要实现这些目标，顶层设计、共建共享就是我们的必然选择。同时，智能化网络技术，尤其是云计算、云存储技术的飞速发展，为更高水平的共建共享创造了条件。

（三）共建共享的案例

近些年来，浙江省相继开展了企业基础信息交换共享试点，政务信息资源共享与业务协同试点工作，核心就是要促进政务部门资源共享。企业基础信息交换试点已经取得了明显成效，建设了企业基础信息交换平台，实现了工商、国税、地税、质监等部门企业基础数据交换和共享，建立形成了全省企业基础信息数据库和企业信用数据库。通过互联互通、信息共享，从不同部门间企业基础数据的比对着手，发现工商注册数据、组织机构代码证数据及税务数据之间存在较大差异，有关部门据此加大了监管力度。

从这个案例中，我们可以得到以下启示：一是通过信息共享，实现了"1＋1＞2"的目标，即验证了系统论关于"整体大于部分之和"的观点，大大提升了政府联合监管的能力，消除了部门管理的盲区。无照经营者、税收漏管户等问题，都是通过共享其他部门信息发现的。二是通过信息共享，推进了标准化建设。原来工商部门有企业注册号，但没有企业组织机构代码；税务部门有税务登记号和组织机构代码。为了确定部门间企业信息的对应关系，把质监部门的企业组织代码作为识别企业的唯一标识，这个代码就成了部门间企业信息关联的标准或者说是纽带。三是通过信息共享，提高了数据质量。在部门间数据比对的过程中，两两比对匹配率为60%～70%，通过交换共享平台的应用，最后部门间的数据一致率提高到90%以上，提高了数据的可信度，加强了决策的科学性。

二、争取和统筹各方资源

（一）完善和落实"3＋X"指导推进模式

要进一步完善和落实"3＋X"指导推进模式，争取上级主管部门的支持。"3＋X"指导推进模式，指的是当地省政府、国家信息化主管部门、国家标准化主管部门和国家有关业务主管部门共同形成指导推进智慧城市建设的联系机制。省级层面，要积极加强工信部、国标委及国家有关业务主管部门支持，加强汇报沟通，争取把省智慧城市建设试点项目列为国家级示范试点项目，求得国家有关部门在组织协调、政策支持、业务指导、项目安排、标准建设、资金补助、智力支撑等方面形成资源聚焦的合力。市级层面，要积极争取智慧城市试点项目列为省级示范试点项目，争取相关部门的工作指导和政策资源。

（二）加强智力和资本的支持

组织智慧城市建设专家咨询委员会，发挥信息化、试点业务、运营管理等多学科专家的作用，加强智力支持，编制高水平的实施方案，并对实施工作从政策、技术、业务和标准建设等方面给予咨询和指导。对智慧城市试点项目，可组织业务专家、标准专家、信息化专家、管理专家等成立指导组、标准组，对项目实施进行具体的指导和服务。发挥科研机构的作用，开展智慧城市建设的咨询研究。

以政府引导资金为政策方向，吸引银行、担保、风险投资及民间资本聚焦试点项目。

（三）全面调动企业和科研机构参与的积极性

调动和吸引网络传输商、软件开发及服务商、智能设备制造商等国内外大企业参与智慧城市建设示范试点的积极性。通过培育市场、营造良好环境等措施，吸引著名 IT 企业紧贴市场一线参与智慧城市建设，推动相关产业、技术、资本、人才等资源向试点省、市集聚。通过举办智慧城市技术与应用产品博览会等形式，开展前沿技术展示和国内外合作交流，吸引国内外众多著名IT企业参与。

（四）争取更多的市民参与

普通市民是智慧城市建设的重要参与方，群众的广泛支持、参与，是打破业务壁垒、信息孤岛的根本性决定性的力量，试点项目要让群众满意、让实践检验、让群众评判。要发挥新闻媒体的作用，广泛开展宣传普及和成果体验，争取更多的市民参与、理解和支持。加强智慧城市相关知识的科普宣传，组织智慧城市有关专家赴各地开展巡回宣讲，普及智慧城市相关知识，提高相关人员的认知水平。

（五）提高推动智慧城市建设人员的水平

组织智慧城市建设主题沙龙系列活动，搭建政府机关相关工作人员、专家、学者、网络传输商、网络装备制造商、网络服务商等交流探讨的平台。举办各市、县（区）政府主管信息化工作的领导和省级相关部门分管领导参加的"智慧城市"建设专题研讨培训班，提高信息化战线的同志们对智慧城市建设工作的认识。发挥行业协会中介力量，定期组织"智慧城市建设技术研讨"培训和"两化融合"产业对接会，营造智慧城市建设科技引领和行业应用的氛围。

三、科学设计政策体系

（一）优化相关财税政策

进一步优化智慧城市建设相关新兴主导产业、主导项目的财税政策。建立市、区两级政府推进智慧城市建设的政府性基金或专项资金，扶助智慧城市主导产业的重点开发、建设及产业升级项目。

（二）创新投资建设政策

对不同性质的项目，可以有不同的模式。对政府公益类项目，如智慧城管等，由政府组建国有公司直接投资；对政府与市场相结合的项目，以国有公司为主，吸收各类企业参与投资建设；市场化投资，由专业业务网络服务公司代建代管，并在运营以后的收益中逐年回收投资。

（三）创新业务服务收费政策

提倡花钱买服务，进行分类定价。例如华数数字电视的分类收费，政府就要给予明确的核价，对于高端用户、商业用户，要适当拉高资费。再如绍兴"智慧安居"，高收入人口居住区、低收入人口居住区、企业等不同对象的保安服务内容和收费可以不一样。提倡政府买服务，鼓励政府技术类和事务类公共服务外包。

（四）建立集成专业服务的政策

鼓励专业网络服务公司与相关的服务商进行合作，提供服务对象所需的专业化服务，提高"一揽子"解决问题的能力。如专业网络服务公司在智慧安居项目中与保安、物业公司的合作，在智慧城管项目中与城市维修公司的合作，在智慧健康项目中与医院的合作等政策。

（五）建立智慧城市人才引进及人力资源保障政策

优化和完善参与各类智慧城市建设项目的人才资源配置，通过各种途径，积极发现引进和大力培育、扶持智慧城市新兴主导业态的领军人才、高端开发技术人才和专业团队。

（六）创新智慧城市建设投融资政策

省级政府要研究设立智慧城市建设政府引导基金，以"四两拨千斤"的方式，引导国内外风险投资基金投资参与我省智慧城市建设。市区两级政府部门也要积极引导广大国内外风险投资集团、私募基金公司等，投资并参与智慧城市建设有关重大建设项目，帮助高新技术企业，尤其是直接推进智慧城市新型业态的中小微型民营企业，获得资本金投入与支撑。

（七）完善其他政策

包括鼓励政府技术类和事务类公共服务外包的政策、市场推广应用的政策（如电动汽车的价格补贴、ETC 车辆通行费优惠政策）、引进国内外大企业参与智慧城市建设示范试点的政策、产业政策、科技政策等。

四、组织开展示范试点

科学务实地推进智慧城市建设试点，有利于集中各方资源，凝聚合力，在重点行业、重点领域率先取得突破；有利于探索和创新行之有效的方法，积累经验，谋求先发优势；有利于以点带面，示范带动，逐步推动智慧化应用整体水平的提升；有利于保护各地、各有关单位参与智慧城市建设的积极性，防止"一哄而上"、盲目投入，防止低水平重复建设，防止资源浪费。

（一）选择试点领域

抓住当前人民群众反映强烈、迫切需要解决的热点难点问题，根据现有基础和发展需要，在交通、物流、电网、城管、医疗、健康、环保、安居、水务、旅游、商务、政务等领域选择确定试点项目。

（二）确定试点单位

以设区的城市为单位开展试点。这是因为城市是智慧应用市场开发、培育、融合、监管的主体，是政府大量公共事务服务与管理的主体，是科技、人才等资源要素及产业基地集聚的载体，是制造业、服务业、网络传输业转型升级信息化需求集中的区域，加上城市法规制定权、领导者的能力和经验、网络基础条件、市场主体素质等方面的有利因素，可在一个小的区域范围内先行先试，完善提升后再逐步扩大试点区域。通过一年左右的努力实现一个县（市、区）基本覆盖，对试点实施方案进一步进行全面评估，在软件、运行机制和体制等方面进行全面升级，再扩大到两三个县（市、区）进行试点，力争用三年左右时间实现一个设区市的基本覆盖。

（三）明确试点主体

坚持自主自愿、宁缺勿滥的原则，按照成熟一个、启动一个的原则，试点项目实施主体必须具备强有力的组织领导、统一的应用市场开发、切实有效的政策保障、明确的平台与系统软件的开发主体、突出的示范效应、扎实的信息化和产业基础、良好的市场发展潜力等优势。这是试点能否取得实效的基础和保障。

（四）严格试点要求

对试点的项目，要从建立健全试点组织体系，精心编制与实施试点方案，创新投资建设、运营管理和服务模式，协同推进标准化建设，着力加强网络与信息安全保障，加快提升信息基础设施建设水平等方面来保障试点的质量和水平，成为一个高水平、示范性的试点，探索出一些管用的经验。

五、发挥社会化评价的作用

（一）建立服务评价指标体系

　　智慧城市是一项民生工程，而非政绩工程。智慧城市的评估指标在设计上应摒弃过度强调基础设施建设、过度强调产业发展的思路，从揭示城市发展客观规律出发，以城市服务和管理的绩效评估为核心，真正为公众谋福利。

　　评价指标体系可以包括以下几个部分：服务和管理，反映智慧城市的建设效果；应用平台，反映智慧城市的产出情况；资源和技术，反映智慧城市的投入情况。评价指标体系建设可采取政府购买的方式，委托第三方负责编制。

（二）设置评价程序和方法

　　专业评价（如统计部门等机构）与社会群众评价相结合。让老百姓代表参与评价有很多益处，因为每个人只能感受到直接的那一面，不可能全方位感受到。例如中年人和老年人、本地工薪阶层和外来务工人员，他们之间不能相互替代评价。各方面都有人评价，等于各方面都有人解释与把关。

（三）建立评价结果的激励约束机制

不能只注意评价，要注意评价结果的应用。评价的目的是为了使用，也是激励。例如对某个智慧城市建设项目的评价达到80分，政府给1 000万元的奖励；达到100分，公司经营层另外给奖金；达到70~80分，给900万元的奖励，但同时公司要给出持续改进服务的方案，努力提升服务水平；如果70分以下，可以按制度与合同换公司来实施服务。因此，一定要建立这套激励、约束、淘汰机制。

（四）加强考核监管

公司化的运营机制建立起来之后，已有的信息中心怎么办？有的信息中心已经建了20年，人员技术知识结构基本老化了，但他们熟悉业务。这些信息中心可以转变职能，不去干技术活，去当"裁判员"而不是"运动员"，即可以从信息系统的开发、维护，逐步转到对网络服务外包业务的评价、考核和监管上来，切实改变对网络服务外包缺乏发包合同方，缺乏对外包服务质量、绩效、安全性的考核方，缺乏对搭车收费等不正当行为的监管方的状况发生。

第九章 "智慧安居" 建设实务探索

"夜不闭户,路不拾遗"自古以来是百姓期望的理想生活环境。现代城市提供了基本的安全保障,但人们居住和生活上的一些传统的安全问题尚未彻底解决,新的安全威胁也在不断出现。随着消费能力的升级和安全意识的提升,人们对安居乐业的要求正在提高。以物联网、云计算、移动互联网等新一代信息技术为基础,开展"智慧安居"建设,对于满足人民群众的现实需求、提升城市管理水平、促进社会和谐稳定、形成有竞争力的特色产业,都具有十分重要的意义。

本章就"智慧安居"建设试点谈谈我个人在以下五个方面的认识和思考。

一、对"智慧安防"的基本理解

第一,"智慧安防"是建立在对人的行为轨迹有效管理之上的一种保障。"智慧安防"概念已提出多年,在各地"平安城市"创建中发挥着重要作用,其实质是对人的行为轨迹进行有效管理。人的行为轨迹大致有三种基本形态:一是静态的行为轨迹,即人在居住、休息、生活等,其行动范围相对很小,但特点是要"落地",这是"以房管人"的理论依据;二是慢变的动态轨迹,是指人不借助交通工具的行为变化轨迹,例如慢跑和行走等；**三是快变的动态轨迹**，是指人借助各种交通工具的行为变化轨迹，其速度往往较快。"智慧安防"就是利用信息技术来充分分析人的行为轨迹，实现对人民保护的及时预警、对罪犯打击的及时精准，是推动有效防范体系建设的一种实现模式。

第二，"智慧安防"是以静制动的区域化"智慧天网"管理。随着"宽带无线城市"的建设，物联网、云计算及高清成像技术的广泛应用，"智能安防"区域网的建设与运营成本已大大降低。任何一个市、一个县、一个镇或一个村的区域，都可以通过交通路网的实时监控，来实现对这个区域内任何人的行为轨迹的公共管控。基于地理信息系统的区域化"智慧安防"网建成后，只要有人进入这个区域，就可以以静管动，对任何人的违法行为或异常行为实现实时管控，并采集和提供事实证据。

第三，"智慧安防"是对人的各种信息的集成、协同、实时全面的管控保障。马克思说过"人是社会关系的总和"，对社会的有效管理的前提就是对人的有效管理。人的信息集成大致可分为两大类：**一是个人信息，包括身份信息、活动信息、生理体征信息等；二是社会关系信息，包括个人与家庭财产信息、个人拥有运载工具（如汽车）信息，个人工作、住房（租房）、养老、医疗、教育等公共保障信息**。一组信息的集成，足够确认一个人的身份；两组及以上信息的集成，可以确定人的行为轨迹；多组个人信息与空间地理信息的集成，可以形成行为证据链。通过对人的各种信息的集成、分析,实现对有违法行为或异常行为的人的追踪、定位。

第四,"智慧安防"是建筑在区域智慧管控之上、具有威慑力的、群专结合的、能高效打击的防范。群专结合的实时动态信息(如出租房的出租信息、旅馆业的旅客入住信息、治安环境重要节点地区的社会动态与网络舆情信息等),以及人的地理空间信息的采集工作的加强,大大提高了区域内人的行为轨迹信息的生成能力,奠定了"智慧安防"的工作基础。因此,对人的各类信息的采集和分析,能够为社会安全提供有力保障,也使得"智慧安防"系统具备高效打击的侦破能力,促进防范犯罪能力水平的提高,建立高品牌效益的区域犯罪震慑力,降低本地与异地犯罪作案率,同时,亦可提高居民群众的安全感。

二、从"智慧安防"到"智慧安居"

在浙江的智慧城市建设试点探索中,提出的"智慧安居"是"智慧安防"的衍生和创新发展。其功能不仅仅局限于对区域治安的防控,而是将"智慧安防"延伸、演化为为区域内的市民和企事业单位提供有效服务的载体。其服务基本可分为四大类:**一是面向居民个人的公共服务**,如走失老人或小孩的寻找服务,老弱病残人员的紧急呼救服务，电梯、门禁等公共设施障碍保修服务，高层涉危人员排险服务，车船票信息、天气、环境查询服务等。**二是面向单位、社区、街区的公共服务**，如困难群体社区保安服务、治安环境问题突出地区的安防服务、城乡结合部流动人口出租房密集区的安防服务等。**三是面向居民个人的有偿服务**，如家庭管道的疏通修理服务、家庭电器的故障排除修理服务、家庭钟点工的聘用中介服务、车辆租用的呼叫服务等。**四是面向单位、社区、街区的有偿服务**，富人社区的安保服务，经营街区的单位与企业的统一安保服务，特殊经营企业（银行、珠宝店、贵重字画和物品的展览会、拍卖会）的特殊安保服务等。

概括起来说，浙江的"智慧安居"建设就是通过运用物联网、云计算、移动互联网等新一代信息技术，以网络信息手段整合优化市民服务体系、家居安防体系、社会单位安防体系、消防安全体系、公共安全高效防控应急体系、城管快速服务响应体系，创新运作模式和工作机制，提升社会管理服务、社会治安防控和打击违法犯罪的能力和水平，让老百姓实时感受到可感可视的安全，触手可及的便捷，实时协同的高效，和谐健康的绿色。

从技术框架模型来看，智慧系统由四个层面构成，即**感知层、网络层、信息处理层和应用层**。这个模型与人的智慧系统是一致的，感知层对应于人体的各种器官，如眼睛、耳朵、鼻子等，用于获取各种数据（信息）；网络层对应于人的神经系统，把器官获取的数据（信息）传递到大脑；信息处理层对应于人的大脑，根据大脑中的知识，对感知到的信息进行处理分析，做出决策；应用层就是大脑做出的决策通过神经系统指挥手脚或其他器官去执行。

从信息技术支撑角度看，物联网、云计算和下一代宽带信息网络是"智慧安居"的三大核心技术。

第一，物联网智能终端是"智慧安居"体系的"五官"，解决信息感知问题。"智慧安居"首先要通过感知世界来获取信息，感知技术是"智慧安居"发展的前提。物联网通过射频识别（RFID）、红外感应器、全球定位系统、视频监控设备等信息传感设备，以实现对人、事、物的智能化识别、定位、跟踪、监控和管理。

第二，下一代宽带信息网络是"智慧安居"体系的"神经"，解决信息传输问题。智能终端采集的大量视频、图像、文字、信号等数据（信息），都需要由一个宽带、泛在、安全的网络作为传输介质，高速光传输系统、智能多层域光交换网和电信级以太网技术的应用、无线通信网络 3G/4G 的成熟与发展、三网融合的推进，将进一步打破互联网、移动通信和有线电视网络间的数据传输壁垒，为大数据的实时传输提供强有力的保障。

第三，云计算是"智慧安居"体系的"大脑"，为信息处理和存储提供了智能的、智慧的、解决问题的高水平服务。最终使得"智慧安居"体系充分体现其智慧化的是云计算技术，云计算能够为"智慧安居"提供强大的融合、便捷、高效的计算能力和存储能力。它的按需自服务、足够的网络访问能力、共享资源池、弹性快速部署、服务可计算等特征，更为"智慧安居"的服务模式创新、信息资源的共享和开发提供了可能。

三、业务与服务智慧化的演变

"智慧安居"服务要依托的已不再仅仅是数字化、网络化，更需要智慧化。云计算技术的广泛运用，将使得数据仓库、联机分析、数据挖掘的能力大大提升，数据可视化能得到充分体现。这亦为"智慧安居"建设提供了可参照的样本。云计算是服务智慧化的关键技术支撑，主要有三种服务模式：SaaS（软件即服务）、PaaS（平台即服务）、IaaS（基础设施即服务）。随着大数据应用需求的急剧扩大，DaaS（数据即服务）也将成为云服务的一种新模式。

在"智慧安居"系统中，SaaS 层：一方面使居民、企事业单位能够便捷地、按需定制地获取和使用各类服务软件，达到便利服务的目的；另一方面能够使有关职能部门灵活运用监管软件开展安防监控。PaaS 层：建立一个可以在基础设施上运行的可部署应用系统以及托管环境的强大平台，作为各类应用软件的开发平台、运行平台和协同平台。IaaS 层：提供系统与平台运行所需的云服务的基础设施，包括专项服务的计算系统、存储系统、网络系统，信息安全设施等。但相比传统的基础设施，云计算基础设施通过一系列虚拟化手段实现了灵活配置和高效运行。DaaS 层：可以对"智慧安居"系统运营过程中产生的海量数据进行数据挖掘，发现信息的新价值，从而形成服务的创新和服务的智慧化。

其实，软件即服务、平台即服务、基础设施即服务这三者是一个统一服务于"智慧安居"或"智慧交通"等业务的整体，是一个统一为"智慧安居"等业务提供云服务的形象表述，是不能独立与分割理解和使用的统一体。

从"智慧安居"业务应用层面来看，"软件"重点是要开发大型智慧业务（安居）平台加系统控制与应用软件；"平台"的重点是要建立基于大型业务"数据仓库"的日常协调服务与应急指挥服务的平台；"基础设施"应包括专项业务物联网（如车联网、梯联网）、"云计算平台"、"智能终端"、"智能指令传输的网络神经系统"等；"数据层"的重点是要按需建立"数据仓库"和数学模型，把数据挖掘、发现价值作为落脚点。只有把软件、平台、基础设施和数据融为一体，并有效提供全面及时、便捷高效、安全可靠的"一揽子"的智慧化服务，才是"智慧安居"高水平服务的商用模式。这种模式能满足"全面感知"、"系统协同"、"实时运作"、"智慧处理"等智慧城市项目业务服务的全部要求。

以广州国家高新区的"励丰科技"为例,对上述这种大型的、智慧的、高效及时的业务服务平台与系统软件应用加以说明。"励丰科技"公司是一个具有"大型活动的智慧的'声光电'业务平台加系统控制与应用软件"的科技公司,承接了北京奥运会、建国六十周年大庆、上海世博会等大型活动的工程业务和网络服务等"双重业务"。他们凭借这样的软件,把声、光、电业务演绎得如梦如幻,如神如魔:一是从"声"字来说,把一般声音的渲染技术发展到了"场景渲染"的超高水平,可以把一个现实的剧场,渲染出大会堂开会作报告的功效、音乐厅的功效、剧院的功效及体育场馆的功效,这就可以解决全国的大会堂、大剧院、音乐厅的重复建设问题,可以节省大量的投资;二是从"光"字来说,把"一般光的照明及成像功能",推向了光场景功效、光梦境功效,这为我们城市的夜景观设计与建设打开了一扇更精彩的窗口;三是把"电"的"电子控制"(自动化)推向了智能化、智慧化的阶段,形成了智慧化的大型活动商业服务的新境界。

因此,"以人为本"的区域化"智慧安居"可以实现对信息的大规模、实时、客观准确、高水平的利用,即智慧化的防控和服务结合运用，达到了十分"灵"便、十分"灵"验的境界，达到了"传神"的境界，达到了部分"科盲"人员以为的"神"、"灵"境界，达到了佛家所描述的"智慧"化身的境界。

四、政府推动"智慧安居"建设的思路和主要任务

政府作为"智慧安居"建设试点的领导单位，应推动以下五个方面的工作：

（一）抓"智慧安居"建设方案的制定和审批

在方案顶层设计之初，业主单位要对"智慧安居"的需求做认真调研和梳理，确定总体需求、架构、功能、投资模式等。总体建设方案的设计可邀请国内外有资质、有经验的咨询机构或设计开发单位来承担。建设方案应在试点项目指导组的指导下，由业主单位自己审定、批准后才能实施。

在技术方案审定时，要充分发挥高端人才的作用。可以借鉴美国奥巴马总统执政时在联邦政府内推行首席信息官制度的做法，也可以借鉴上海张江高新区聘用技术类公务员的方法，以高

薪、定聘期、定责任来聘请专人负责项目技术方案的审定。用他们的责任、荣誉和聘期考察的办法，促使对技术方案审查的责任落实，保证其坚持原则和高水平的过程把关、全身心的投入。

（二）抓投资建设机制、运营机制与相关政策的落实

"智慧安居"建设基本的投资、运营与使用模式有四类：一是"政府投资建设＋事业单位运营＋政府与社会利用模式"；二是"国有资本全额投资建设＋企业服务外包运营＋政府与社会利用模式"；三是"股份制投资建设＋企业化服务运营＋政府与社会利用的模式"；四是"一家企业全额投资建设＋企业化服务运营＋政府与社会利用模式"。

为创新运营机制、降低投资成本、提高服务效率，加快系统与平台软件的升级，"公司化的运作＋政府与社会利用"的模式（即第二、三、四类模式）更符合浙江"智慧安居"建设试点的要求。政府的政策要根据"智慧安居"的投资、运营、利用模式来确定。采用上述第二种模式的，政府要提供国有资本的投资，确定并提供运营服务外包的资金、激励性的报酬政策、社会性利用的收费定价与收入分成政策、运营服务外包企业的优惠政策等。采用上述第三种模式的，在上述政策基础之上还要研究相应保障合理回报的投资政策、分红政策及鼓励再投入的政策。采用

上述第四种模式的，在上述政策基础上，还要重点研究分时段的鼓励投资的合理回报政策，如前三年的未达到规模效应前的投资回报补贴包干政策以及鼓励再投资的政策（包括给予一定额度的信贷贴息政策）。

（三）抓日常与应急指挥协调的组织落实

运营公司承担技术性平台与系统的运营工作，政府部门的日常指挥与应急指挥组织要由区域的党委、政府来确定。

日常指挥可由公安部门牵头负责，但要做到组织落实、责任落实、岗位落实、协调机制落实。因为这涉及保安公司和治安警、消防警、交警、巡特警等多警种的协调，警民之间、警政（乡镇街道政府）之间的协同。层级之间的分工与协同的工作，亦应有明确的制度。

同时，"智慧安居"也必将成为区域应急指挥的中心：面对消防安全、交通道路安全、企业生产安全、工程事故安全、自然灾害事故、社会群体性的治安事件等，要明确应急指挥的组织、领导机制，明确分工与协调的职责和相应的预案，防止多头指挥、无序指挥和盲目指挥。

（四）抓对数据资源的整合、联建与合作利用

首先要打破信息孤岛，高度重视数据价值理论研究与应用、宣传。我在本书第一章的"智慧城市的特征"一节中提出了数据价值论，阐述了数据的价值规律与原理：一是数据规模决定数据的价值基础。一个区域的一个垂直部门的数据价值存在有限性的特点；多个部门的数据集合，其数据价值呈倍增的特点。二是数据的价值既取决于规模与质量，更取决于其关系结构。三是数据的价值不在于占有，而在于通过深入的整合、分析、挖掘和开发利用，形成新的知识或者智慧以辅助决策。拥有数据不等于拥有财富，只有研究利用，才能够创造财富。四是实时数据（信息）是开发历史数据（信息）价值的钥匙。五是历史数据总体上呈价值递减趋势。

其次，信息整合、信息库的联建、合作使用的关键在于找到合适的方式与机制。一方面要抓好各部门的信息整合与联合共建。"智慧安居"需要人口实时数据库、住房（租房）及厂房、商场、道路、地下空间通道等地理空间数据库和企业法人、交通车船工具数据库等大型数据库。要充分利用原有的各部门的数据库，按照应用主题需求建立数据仓库，构建能保障"智慧安居"所需的综合的、丰富的、实时的数据资源池。从技术层面来看，

实现各部门信息整合与联合共建的关键在于用统一标准来建立信息资源目录体系和数据交换平台。另一方面要注重合作利用机制的创新。无论数据库怎么建,都会存在数据的交换、合作利用问题,其关键在于机制创新。一是要探索建立有利于数据整合利用、数据交换使用、合作使用的财政性资金的投入机制。对拒绝数据整合使用、交换与合作使用的部门要实行"断奶"政策;对愿意并支持整合与合作使用的数据库建设予以重点投入保障。二是对共建共享的数据库要探索建立数据利用的保密制度与责任追究制度。建立类似机要文件收发管理数据交换合作的定人定岗管理制度。建立类似机密、绝密文件管理的机密数据交换合作的失密、泄露等责任追究制度,泄露个人隐私、企业等法人的商业与技术机密、国家机密的救济制度,尽量挽救、减少损失。

(五) 抓法制建设和落实检查、监督工作

一是加强法制与制度的建设,做好教育、检查落实工作,以确保个人隐私与权利、各类法人的合法权益、"智慧安居"的业务与网络运营的秩序和信息安全。定期进行分项检查与专项整治,提高"智慧安居"的运营水平。二是加强政府规范性文件的制定,规范网络运营公司及内部人员的行为,规范日常利用和应急使用协调指挥组织与人员的行为,依法打击破坏"智慧安居"

的装备设施、信息资源、应用系统等违法行为，加强关键部位的保卫。三是规范"智慧安居"的信息公布、信息利用和服务收费的行为，及时有效地回应群众与社会的关切。

五、"智慧安居"服务公司的主要任务

服务公司负责"智慧安居"系统的建设和运营，承担着培育"智慧安居"产业，带动信息产业发展的重任，它的培育和发展关系到"智慧安居"试点的成败。我认为服务公司在建设运营过程中要把握以下四个重点：

（一）负责"智慧安居"技术方案的制定

有关方案的顶层设计，应遵循下述原则：**一是依法、统一、经济、合理原则**。要依法建设，防止权力滥用，防止侵犯公民和法人单位的合法权利；要统一规划、统一建设，充分利用原有系统与终端，避免重复建设、低水平建设；注意合理布局，包括位置的合理分布、技术装备的合理选型、终端的合理配置。**二是全面保障与突出重点相结合的原则**。对区域内道路和地下空间、建筑的缝隙空间的监控，要保证做到全面监控与必要的智能引导相结合；对治安复杂地区、金融机构等集中街区的装置要突出重点、加密加强建设。**三是公共与私有分开原则。**"智慧安居"的装置要配置在户外、路上、地下公共场合，保障公共安全服务，不可进入户内、室内等私有空间。如发现不合理的装置部署要及时调整，发现过失侵犯隐私的，要马上纠正并防止信息外泄。

（二）负责"基于专有云的智慧业务（安居）大型平台与系统软件"的开发、升级、运营和防护

这是"智慧安居"建设的难点，也是业务外包服务公司发展的竞争制高点。这个"智慧安居业务大型平台与系统软件"，是利用云计算平台建筑在"数据仓库"、"联机分析"、"数据挖掘"与"数据可视化"之上，又赋之以生命、智慧与灵魂的软件，包括以下要求：（1）平台与系统的建设要与大型"数据仓库"及基础信息平台（如云计算、云存储和专用物联网）等相结合，业务软件要与之相匹配；（2）平台与系统软件开发要为业务内容服务，量身定制，满足安居的业务需求；（3）重点要开发具有智慧水平的系统控制与应用能力的大型、综合应用软件；（4）平台与系统软件的开发，要尽可能采用国家标准、行业标准、地方标准，全面实现标准化；（5）要规范平台与系统业务软件的运营，保障其业务的正常开展；（6）要适时进行业务软件的完善升级工

作，使之不断满足"智慧安居"服务范围扩大与水平提升的需要。

（三）重视"智慧安居"的标准建设

　　新一代信息技术的应用对人们生活的影响将越来越广泛。因此，对"智慧安居"技术产业标准化工作要遵循以下三点原则：一是要在把握新一代信息技术发展趋势和内在发展规律的基础上推进标准化工作。二是推进新一代信息技术产业标准的主要目标是：服务技术创新和研发、服务产业的发展、服务应用的需求、服务国际合作。三是制定标准要明确原则，遵循原则，按原则办事。

　　例如，"智慧安居"可以从以下几方面来建设标准：接入访问标准、数据处理标准、云计算平台标准、业务平台标准、应用服务标准、智慧安居运行的管理规范及标准等的制定，促进智慧安居工作的规范化、制度化，推动工作高效、有序的开展，提高公共管理与服务水平，宣传政策、法规和工作动态，对组织管理及人员、职责分工及要求、资产管理、服务质量管理控制等方面进行标准化的规范。

（四）负责加强公司的内部管理，促进服务效率、品质和水平的提升

建立内部岗位操作规程，保障技术与业务的有序运行，同时从制度上保障信息安全，对员工的操作进行安全评估，设定操作范围，制定严格的安全操作制度；制定《员工服务守则》，对员工服务的态度、服务的效率和服务的内容进行规范，确保服务质量和品质；制定《员工保密守则》，确保数据信息正确依法使用；制定服务质量评优制度，导入 ISO9000 质量保证体系、ISO27000 信息安全管理体系等国际管理体系，促进企业持续改进服务，打造服务品牌，确保领先性。

结　语

　　智慧城市建设事业方兴未艾。下一步，我们将在浙江省智慧城市建设探索实践基础上，总结和分享示范试点项目经验。

　　一是智慧城市建设对促进本省产业发展、提高产业竞争力的贡献，包括培育市场，吸引社会资本投入，带动产业链发展，提升技术水平，走应用促发展之路的经验。

　　二是浙江省创建的部省"3＋X"试点指导服务模式、智慧城市建设中的体制机制创新、智慧城市建设的服务模式或商业模式创新。

　　三是智慧城市建设对绿色环境建设、人民生活安居、群众生活品质的促进和保障作用等案例。

　　四是智慧城市建设对提高城市治理水平、创新社会管理方式、改进政府服务模式的案例。

　　此外，丰富的智慧城市建设实践活动需要我们进一步开展理论探索。浙江省已立项一系列关于智慧城市建设相关理论的研究课题，我们还将开展智慧城市建设试点布局与城市应用市场合作开发、智慧城市建设对"区域经济"的融合发展及提高产业竞争力的贡献、现代网络信息技术发展对智慧城市建设的促进作用与挑战等研究，期望为中国的智慧城市建设思路提供不同的借鉴与参考。